本书出版受教育部人文社会科学研究青年基金项目（18YJC820034）的资助

行政法视角下的
城市空间利益保障机制

李成玲　著

THE SAFEGUARD MECHANISM OF
URBAN SPACE INTERESTS FROM
THE PERSPECTIVE OF
ADMINISTRATIVE LAW

中国政法大学出版社
2024·北京

目 录

序 章 ……………………………………………… 001
一、空间维度的城市治理实践与困境 …………… 003
二、城市空间利益调整的法律变革 ……………… 006
三、研究趋势与问题 ………………………………… 010
四、研究思路与研究方法 ………………………… 012

总 论 城市法的理论与制度构造

第一章 城市空间的法治意蕴与治理逻辑 …………… 017
一、城市空间的权利意蕴 ………………………… 018
二、城市空间的权力意蕴 ………………………… 021
三、城市空间治理的法治逻辑 …………………… 023
本章小结 …………………………………………… 032

第二章 现代行政法意义上的城市空间利益 ………… 034
一、城市法理论中的城市空间与城市空间利益 …… 036
二、城市空间利益作为集合性利益的理论化 …… 041
三、我国行政法语境下的城市空间利益 ………… 050

本章小结 …………………………………………… 060

第三章 空间视域下城市法体系的构筑 …………… 061
一、城市法构建的课题与姿态 …………………… 062
二、城市空间语境下城市法的定位与制度构造 …… 072
三、我国城市法体系的构筑 ……………………… 083
本章小结 …………………………………………… 093

第四章 城市法的基本原则 …………………………… 094
一、依法治理原则 ………………………………… 095
二、利益均衡原则 ………………………………… 101
三、公私协作原则 ………………………………… 106
四、公众参与原则 ………………………………… 114
本章小结 …………………………………………… 120

分 论 城市空间利益的具体分配制度与实践

第五章 城市居住空间的法律构造与利益分配 ……… 123
一、土地利用规制与城市居住空间的规划性形成 …… 124
二、住房保障制度与住房资源配置的驱动 ………… 136
三、城市居住区的空间分层与社区治理 …………… 144
本章小结 …………………………………………… 148

第六章 经营场所选址的法律规制与营业性利益的
分配 …………………………………………… 150
一、经营场所选址规制的现实需求 ………………… 151

二、经营场所选址的土地用途管制 …………… 154
三、经营场所选址的距离规制 ………………… 160
四、我国选址规制中营业性利益的保护课题 … 168
五、营商环境优化下选址规制实践的改善 …… 177
本章小结 ……………………………………… 181

第七章 地域空间中景观利益的法律保护 ………… 182
一、景观诉讼中公法保护论的实践及其发展 … 183
二、景观诉讼中私法保护论的登场与确立 …… 187
三、公私交融视角下景观利益的法律构成 …… 192
四、中国情境下地域景观的保护课题 ………… 199
本章小结 ……………………………………… 207

终 章 ……………………………………………… 208

参考文献 ………………………………………… 212

后 记 …………………………………………… 231

序　章

城市是人类文明的标志，城市产生与发展的基本动力在于社会生产力的发展。18 世纪后，工业革命极大地促进了社会生产力水平的提高，推动了城市的高速发展。我国在改革开放 40 余年间经历了人类有史以来最大规模的城市化进程，在这个过程中城市空间的快速扩张成为城市发展的基本保障。[1] 自 1978 年以来，我国先后掀起了小城镇、各类功能区、新城新区等建设浪潮，极大地推动了城市空间的增量扩张，但也伴随着环境透支、资源过度消耗、社会矛盾激化等问题。在新常态经济发展背景下，我国城市的建设重点转向通过存量空间的持续更新与改造，满足城市居民日益提升的多元空间需求。简言之，城市化的高度发展带来了城市空间结构的深刻演变，城市空间结构又直接影响房价、交通、生态等人居环境和城市竞争力，进而引发了城市空间利益的多元化与复杂化现象，由此产生了城市空间利益的正当分配问题。

"无论是作为目标还是作为过程，法治都是良好城市治理的

---

[1] 倪鹏飞：《改革开放 40 年中国城镇化发展的经验与启示》，载《智慧中国》2018 年第 12 期，第 11 页。

重要内涵与基本特征。"[1]如何运用法治思维和法治方式回应日益复杂的城市问题,推进城市空间资源的优化配置,有效预防和实质化解城市空间的多维利益冲突呢?党的十八大以来,建设新型城镇化[2]、推进城市治理体系和治理能力现代化[3]、构建共建共治共享的社会治理格局[4]、建立并监督实施国土空间规划体系[5]等命题从宏观政策层面深刻揭示了具有中国特色的城市发展规律。这些都意味着,在城市法治建设的最高层面上已经出现了探索新型法律制度的指针。我国既有的城市法治实践与法学研究已对城市规划、城市环境、城市交通、城市住

---

[1] 肖金明:《城市治理的法治维度》,载《中国行政管理》2008年第10期,第28页。

[2] 新型城镇化是以城乡统筹、城乡一体、产城互动、节约集约、生态宜居、和谐发展为基本特征的城镇化,是大中小城市、小城镇、新型农村社区协调发展、互促共进的城镇化。党的十八大报告明确提出了新型城镇化战略,党的十九大报告提出"以城市群为主体构建大中小城市和小城镇协调发展的城镇格局",党的二十大报告提出"推进以人为核心的新型城镇化"。2022年国家发展和改革委员会印发、国务院批复同意的《"十四五"新型城镇化实施方案》明确了"十四五"时期深入推进以人为核心的新型城镇化战略的目标任务和政策举措,包括加快农业转移人口市民化、优化城镇化空间布局和形态、推进新型城市建设、提升城市治理水平、推进城乡融合发展等。

[3] 改革开放以来,我国高度集权、条块分治、以条为主、建管合一的城市管理体制虽经多次改革,但仍然存在管理观念落后、管理机构设置不合理、事权不对称、缺乏民间动力等问题,与市场经济体制不相适应。伴随着我国经济体制的深刻变革、社会利益格局的深刻调整以及市民思想观念的深刻变化,突破和创新城市管理的"城市治理"的命题被提上日程。2013年3月1日起正式实施的《南京市城市治理条例》在全国首创"城市治理"入法,2015年12月召开的中央城市工作会议提出要完善城市治理体系,提高城市治理能力。

[4] 党的十九大报告明确提出"打造共建共治共享的社会治理格局",党的二十大报告进一步提出"健全共建共治共享的社会治理制度","建设人人有责、人人尽责、人人享有的社会治理共同体"。

[5] 参见《中共中央、国务院关于建立国土空间规划体系并监督实施的若干意见》《自然资源部关于全面开展国土空间规划工作的通知》《自然资源部关于加强国土空间详细规划工作的通知》等。

房等具体问题的解决提出了法治方案,但总体上较为分散、零碎,未能从整体性的视角在法律体系中合理定位城市。要回应公众对城市的多样期待,亟待"将城市作为相对独立的实体加以系统研究"[1],揭示城市作为融合多种要素的公共生活空间的独特性。

一、空间维度的城市治理实践与困境

工业革命以来,城市化的空间实践深刻改变了人类社会的面貌。城市本身就是一个空间有机体,城市化的实践表明,城市空间是城市问题最直接也是最集中的反映。

首先,城市是聚集的空间。城市本身作为"城"与"市"的结合,是人口聚集居住以及商品交易的场所,是人、资本、土地、技术等不同要素集合与共存的空间。城市化就是推动人口与经济活动不断向城市集中或者说是城市空间扩张的过程,但如果是无序的空间聚集或者扩张就会导致空间资源不平衡的发展差异,进而引发各种城市病。长期以来,我国的大城市尤其是特大城市就像一个个巨大的黑洞,快速吸取人口、资金、土地、技术等要素,同时城市规模的膨胀又倒逼城市面积扩张,公共资源配置增加,而中小城市发展较慢,吸纳力不足,人口快速向大城市聚集,以致形成恶性循环。北京、上海等大城市的人口规模经常突破城市总体规划的人口控制指标,导致了交通出行、公共设施、教育、环境资源的利用等各方面的瓶颈。针对区域发展的不平衡问题,我国正在推动建立更加有效的区域协调发展新机制。尽管如此,在地方政府各自为政与区域规

---

[1] 高秦伟:《城市治理现代化背景下的城市法研究展望》,载《法治社会》2023年第1期,第2页。

划缺位之下，珠三角、京津冀等城市群内部的城市化发展仍然极不平衡。空间集聚的失序失衡不仅衍生了城市之间的发展不平衡，也衍生了城市内部主城区与边缘城区之间的发展不平衡。虽然近年来大城市为了缓解主城区的压力基本上都在开发郊区，并掀起了建设新城新区之风，但面向富人的规划定位、滞后的综合服务设施配置、短缺的服务产业支撑等问题导致难以实现主城区人口的转移，甚至出现了"空城"的失败案例。这些都在表明，中国城市化的二元分化正从城乡间转向城市间。[1]

其次，城市是人造的物质空间。城市是通过人的活动对土地、建筑物等物质进行形态改变的空间形式，并以城市建筑为基本载体为人们提供各种功能的空间环境及物质设施。城市物质空间的改造更新成为衡量一个城市发展快慢的直观因素，也是城市自我调节的重要机制。改革开放以来，随着人们对城市空间需求的多样化以及地方政府对大城市发展目标的片面追求，征地规模浩大，房地产开发盛行，高层建筑物、商业综合功能区、以新城新区为代表的新型功能空间明显增多，大规模造绿和旧城改造等运动兴起，推动了我国城市物质空间的急剧变化。这种以外延扩张式、"摊大饼"式为主要特征的物质空间发展也带来了一系列问题。建筑密度的偏高与土地的低效利用并存、物质环境更新频繁等，造成了巨大的资源浪费和建筑资产损耗，严重影响了物质空间的合理利用，同时破坏了城市的文化底蕴和自然生态环境。因此，改变传统的外延式扩张道路，通过内涵式的城市更新优化城市空间结构被视为城市治理与发展的新机遇。

更进一步地说，城市是人化的社会空间。城市不仅是物质

---

[1] 王政等：《中国城镇化拒绝"新二元化"》，载 http://www.banyuetan.org/chcontent/jrt/201395/50762.shtml，最后访问日期：2021年9月14日。

形态意义上的人居场所，也是各类人群进行社会活动、发展社会关系的空间载体。"城市空间结构不仅是城市地域范围内各种物质要素的组合，它还是城市居民社会活动所整合而成的社会空间系统，城市空间具有物质和社会的双重属性。"[1]城市物质与社会空间的发展之间存在辩证统一的关系，是往复相互作用的过程。城市物质环境中的工业、商业等各种经济活动支撑着社会关系的发展，而不同类型社会群体的成长、组合及嬗变对城市物质空间的形成与更新提出了更加多样化的需求，社会群体的不同需求同时也推动了城市物质空间明显的分异。"城市空间重构与社会结构变迁相伴而生。"[2]然而，长期以来，我国地方政府主导下的城市空间塑造与重构表现出较浓厚的逐利色彩，地方政府为实现自身利益的最大化，往往以经济效应和政治效应为标杆干预城市空间资源的配置甚至违背空间规划的技术要求。虽然这对快速集聚优质资源，促进城市物质空间的总体结构性调整具有积极作用，但忽视了社会公共利益，不可避免地导致了城市物质供给与社会需求之间的不平衡状态。城市公共空间被物质空间侵蚀，不同社会群体之间的城市空间资源配置呈现明显的失衡状态，城市低收入阶层、外来人员等弱势群体在居住空间上的物质建设与社会需求明显不相适应。

总之，城市是兼具物理属性和社会属性的空间有机体，城市空间结构主要在密度、形态、布局等方面影响和制约着城市的发展，城市化进程中的许多疑难问题就是以城市空间的形式显现的。我国现阶段人民日益增长的美好生活需要和不平衡不

---

[1] 黄晓军：《现代城市物质与社会空间的耦合——以长春市为例》，社会科学文献出版社2014年版，第50页。

[2] 钟晓华：《社会空间和社会变迁——转型期城市研究的"社会-空间"转向》，载《国外社会科学》2013年第2期，第14页。

充分的发展之间的矛盾,直接反映了城市空间结构演化与重构过程中的矛盾:城市空间资源的集聚与区域发展不平衡之间的矛盾,城市物质空间的扩张建设与演化规律之间的矛盾,城市物质供给不平衡与社会需求多样化之间的矛盾,等等。[1]而最集中的矛盾就是城市物质供给与社会需求之间的矛盾,这破坏了城市物质与社会空间之间原本的耦合关系。[2]"宜居城市""人居城市"等理念的直接目标就是打造促进城市物质空间与社会空间互相整合、协调共生的城市空间体。即使在当今的"互联网+"时代,"数字城市""智慧城市"的构建也要以城市空间的数据积累与模型为基础,城市的治理与发展始终围绕着"城市=城市空间"的命题。"当代社会发展和创新的动力依然是人们空间上的聚居,是城市的发展","城市的根本属性是空间性"。[3]

二、城市空间利益调整的法律变革

空间维度的城市治理实践归根结底是对城市空间的分配与空间利益的调整。要避免人为的城市空间塑造走向无序、混乱的状态,需要以一种制度或者法律的形式引导规则性的空间塑造。"法律规定的空间是一种社会空间,同时也是规范空间,主要关注的是法律如何构造并且控制在社会生活的各种关系中产生的空间。"[4]

---

[1] 参见邓欣欣:《空间视域下新时代社会主要矛盾探析》,载《学术研究》2019年第11期,第39~45页。

[2] 城市物质与社会空间耦合的内涵,参见黄晓军:《现代城市物质与社会空间的耦合——以长春市为例》,社会科学文献出版社2014年版,第53~54页。

[3] [美]爱德华·索亚:《以空间书写城市》,强乃社译,载《苏州大学学报(哲学社会科学版)》2012年第1期,第21页。

[4] 於兴中:《复合空间下的法律与城市》,载《法律和社会科学》2019年第2期,第19页。

序　章

在早期自由放任的资本主义国家时代，城市物理空间的形成和变迁主要是以私法的所有权制度为核心，并依赖市场机制调节土地利用的矛盾，从而保护土地所有权者的财产性利益。警察权对土地开发施加的限制也仅限于为了维护城市安全、卫生、美观等目的而进行的消极的、最小限度的限制。然而，从19世纪中后期开始，随着工业化的快速发展，城市空间急速扩张，自由放任的市场经济不能再有效应对居住空间拥挤、生活环境恶化等问题。由于城市空间中的利益格局发生显著变化，所有权制度开始暴露出利益调整的局限性，警察权的消极规制亦难以解决越发复杂的城市问题。于是，19世纪末20世纪初，一些工业化国家开始广泛地承认对私人土地利用进行公共干预的正当性，对城市空间的分配不再完全依赖于私法对个人财产性利益的调整路径，进而产生了以保障城市公共空间为目的的公法制度。城市规划制度就是在此背景下诞生的，主要是通过规制私人的土地开发利用来控制城市的扩张。

二战以后，战后复苏与经济增长成为欧美城市发展的重心，又产生了城乡差别、大城市人口过于集中等一系列新的问题，城市法律制度也相应地发生了变化。主要集中在行政权的介入作用由消极的危险防止转变为积极的空间形成；城市规划由单纯物理性的规划转变为以综合性的总体规划为前提的法律制度；土地开发法律制度由土地用途规制走向土地综合利用规划；以更加多样化的方式维护城市空间秩序；强调有关城市建设与管理的行政程序立法。[1]

值得注意的是，我国城市化进程更为错综复杂，经济体制

---

[1] 朱芒：《城市化中行政法学的内在发展》，载《法学》2023年第5期，第40页。

的转型极大地影响了我国城市空间利益调整的法律变革。在社会主义计划经济时期,土地的开发利用几乎完全由公权力支配,私主体只能按照行政命令和经济计划使用土地,并不享有受法律保障的任何财产权。这个阶段的城市规划由政治主导,是为执行经济计划的工业建设服务的。[1]20世纪80年代以后,伴随着我国逐渐向社会主义市场经济体制过渡,私有财产权的地位不断得到提升。《中华人民共和国宪法》(以下简称《宪法》)、《中华人民共和国土地管理法》(以下简称《土地管理法》)、《中华人民共和国城镇国有土地使用权出让和转让暂行条例》等公法规范实现了集体土地和国有土地"所有权—使用权"的两权分离,建立了以土地使用权为核心的财产权制度。[2]这种制度变革为私主体根据市场需求和自身需要进行城市建设提供了物理空间的保障。我国城市规划制度亦经历了《城市规划条例》—《中华人民共和国城市规划法》—《中华人民共和国城乡规划法》(以下简称《城乡规划法》)的变迁,折射了不同时期城市化的主要问题以及权力与权利的关系。[3]城市规划的目的也不再是对项目建设作出具体指令,而是对土地开发行为进行普遍规制。[4]由此,在城市空间的分配机制中公权力和私权利的二元分立结构得以形成,两者的矛盾冲突也随着社会经济的发展不断放大。针对城市拆迁中公权力对私有财产权的限

---

[1] 参见陈越峰:《中国城市规划法治构造》,中国社会科学出版社2020年版,第19~40页。

[2] 参见程雪阳:《重建财产权:我国土地制度改革的基本经验与方向》,载《学术月刊》2020年第4期,第99~100页。

[3] 何明俊:《改革开放40年空间型规划法制的演进与展望》,载《规划师》2018年第10期,第18页。

[4] 参见陈越峰:《中国城市规划法治构造》,中国社会科学出版社2020年版,第43~62页。

制，2004年《宪法》增加规定"国家为了公共利益的需要，可以依照法律规定对公民的私有财产实行征收或者征用并给予补偿"。在公法领域注重土地使用多元、财产权保护的同时，私法领域也出现了配套改革。2007年颁布的《中华人民共和国物权法》（以下简称《物权法》）对城市空间的分配提出了私有财产权保护、提高土地利用效率、公益征收等要求。2020年颁布的《中华人民共和国民法典》（以下简称《民法典》）保护公民在城市生活中的各种民事权利，进一步完善了物权法律制度，为人本型城市的规划、建设与管理奠定了法律基石。

随着城市的快速发展，新的空间需求不断涌现，原本单一的空间趋向多元复合，不同利益群体对公共空间的权利诉求不断摩擦、碰撞，甚至引发群体性事件。在经济全球化的背景下，国际中心城市和城市群地区的规划建设成为我国高质量发展的现实需求；在节约能源和生态环境保护的背景下，城市公共交通设计正在引入绿色低碳出行的理念；从社会安全和服务的层面来看，公共卫生应急空间[1]、城市养老护理设施的需求快速增长；在网络与信息化时代，互联网技术提升了城市功能的融合度和体验感，催生了一大批"网红"空间和场所。凡此种种，无一不加深了城市空间利益调整的难度，而仅从财产权保护的视角难以有效回应城市空间利益多元化的特征。如何在城市开发利用中更加关注人的多元化需求、平衡空间利用的公共性与效率性，追求城市的可持续发展，成为未来城市治理法治化建设的重点。

---

[1] 2023年4月19日我国公布了国内第一个专门针对公共卫生应急空间的行业标准——《城乡公共卫生应急空间规划规范》。

三、研究趋势与问题

城市化的发展为法学研究提供了丰富的素材和持久的动力。面对城市空间利益的多元化现象及其挑战,在公法与私法同时调整城市空间利益的制度构造下,学界也发展出了两种研究路径:

一种是从私法的视角观察,承认传统所有权概念的局限性,提出了物权法意义上的空间权、土地空间权等概念,[1]以期应对城市空间范围不断扩张的问题。但是,这种仍是财产权属性的权利话语,无法有效解释城市公共空间的资源配置问题。

另一种是公法尤其是行政法的研究进路,聚焦塑造城市空间的土地开发利用现象,探讨以所有权为核心的财产权行使的公共限制。近年来,在私法公法化的背景下,有学者以物权法的公法保护为导向,借用物权法意义上的空间权概念或确认这种空间权的公法色彩,从而提出保障城市空间、城市空间权的制度。[2]除此之外,特别值得一提的是,针对行政征收权对城市空间的改造,征收权行使中的公共利益与被征收人财产权的平衡受到了普遍关注。

---

[1] 例如,王利明教授在《物权法》起草时就主张空间权是一种新型的、独立的财产权利,把空间权具体界定为"公民、法人或其他组织利用土地地表上下一定范围内的空间,并排斥他人干涉的权利"。王利明:《空间权:一种新型的财产权利》,载《法律科学(西北政法学院学报)》2007年第2期,第122页。《物权法》正式出台之后,以该法第136条"建设用地使用权可以在土地的地表、地上或者地下分别设立"的规定为依据,物权法意义上的空间权或土地空间权研究在权利的类型等方面更为广泛和细化了。

[2] 这方面的研究包括肖军:《论城市规划法上的空中空间利用制度》,载《法学家》2015年第5期;郭庆珠:《城市地下空间规划法治研究:基于生态城市的面向》,中国法制出版社2016年版;邢鸿飞:《论城市地下空间权的若干问题》,载《南京社会科学》2011年第8期;等等。

然而，上述公法研究路径本质上仍是从私法权利的视角认识城市空间利益，且遵循的是公共利益与私人利益对立的二元构造，主要解决的是城市空间利用中公共利益与私人利益的冲突。但实际上，城市作为复合的空间有机体，尽管具有物理空间所承载的独立性的财产价值，但更多的是体现人们因对一定空间的共同利用所产生的社会价值和规范价值。[1]因此，城市公共空间所代表的是协调私人之间对一定空间的合理使用而产生的整合性利益，其并不仅仅是公共利益与私人利益的对立与冲突。而且，作为人们共同生活场所的城市空间，并不必然就代表抽象的公共利益，一定地域范围内的居民群体对特定空间的共同享受与利用，也能成为比较具象的法律上保护的利益。

我国的行政诉讼制度也是以私法上的相邻权为解决规划许可所引发的城市空间利益纠纷的合法权益基础。对此，已有学者认识到相邻权概念的局限性，从公法权利视角出发，提出公民对城市空间的"公平分享权"[2]或者"空间利益公平分配权"[3]。不过，"公平分享权"的观点是建立在公民—国家的二元关系之基础上的，强调每个公民都能因自然资源的国家所有而获得城市空间分享权，忽视了公民之间对分配城市空间的各种需求的协调。还有学者从公法权利的视角界定道路通行权、

---

[1] 成协中：《从相邻权到空间利益公平分配权：规划许可诉讼中"合法权益"的内涵扩张》，载《中国法学》2022年第4期，第169页。

[2] 参见陈国栋：《公法权利视角下的城市空间利益争端及其解决》，载《行政法学研究》2018年第2期，第70~80页。

[3] 参见成协中：《从相邻权到空间利益公平分配权：规划许可诉讼中"合法权益"的内涵扩张》，载《中国法学》2022年第4期，第156~174页。

采光权等具体类型的城市空间利益,[1]但这些仅反映了城市空间利益保障的碎片化研究。

四、研究思路与研究方法

城市化的快速发展凸显和强化了城市空间的公共属性,正是基于此,城市空间利益的调整不能再仅依赖于私法对土地财产权的局部保护与规制,而需要在公法对空间的整体性规制中考量空间利益的协调。这种思路的转换还需要突破传统行政法的局限,针对现代城市治理领域的特殊性,建构新型法律制度——城市法抑或都市法[2]作为体系性地解释和回应城市空间治理实践的路径。随着城市化进程的进一步深入,城市治理法律制度的构造逐渐由问题解决式走向体系建构式。但我国目前的城市法研究有高度的碎片化特征,[3]呈现出"有城市法研究但无城市法学"[4]的现象。本书从行政法的视角考察城市空间利益的

---

[1] 这方面的研究包括周忠学:《城市交通权之国家义务》,载《云南师范大学学报(哲学社会科学版)》2015年第4期;吕成龙、张亮:《城市路权分配的困境及法治对策》,载《中州学刊》2017年第4期;肖泽晟:《论规划许可变更前和谐相邻关系的行政法保护:以采光权的保护为例》,载《中国法学》2021年第5期;等等。

[2] 本书并不严格区分"城市(法)"与"都市(法)"的概念,但本书提倡与构筑的"城市法"抑或"都市法"有别于在中世纪欧洲自治城市中伴随商品经济的发展而产生的"城市法",是应对城市化快速发展产生的城市问题,以城市空间的公共性形成与控制为主要内容,以塑造高品质的城市公共空间为目的的法体系,属于部门行政法的范畴,也可以称之为"现代意义的城市法"。

[3] 朱芒、陈越峰主编的《现代法中的城市规划——都市法初步研究》(上、下卷)(法律出版社2012年版)可以说是从城市规划层面开启了城市法研究。除此之外,2021年起吉林大学、中山大学、华东政法大学、郑州大学共同开设的"都市法与公共政策"网络课程(由鲁鹏宇、高秦伟、陈越峰、郑磊共同承担授课任务)也是值得关注的城市法研究形式。

[4] 朱茂磊:《论"城市法学"及其基本范畴》,载《城市学刊》2017年第6期,第35页。

保障机制，是从城市法整体视角展开的研究，即以作为部门行政法的城市法的体系建构为前提，并将城市空间和城市空间利益当作城市治理法律制度的支柱性概念，从而探讨符合城市空间利益特性的有效保障机制。进一步而言，本书是沿着城市法"总论+分论"的思路设计篇章的。

总论部分是有关城市法理论与制度构造的系统性研究。空间视角下的城市法律观是分析城市空间利益保障机制的前提，本书尝试在"空间—法律"的关系和互动中搭建城市空间利益保障的法体系：首先把握城市空间的法治内涵，正面回应城市空间在我国城市治理法治化建设中的意义与地位；进而在公法权力观下界定行政法意义上的城市空间利益，打破传统行政法中一般公共利益与私人利益的固有二分论，构筑具有"集合性利益"性质的城市空间利益概念；提出城市空间语境下城市法作为部门行政法的定位与制度规范；结合城市法在行政法领域中的特殊性，提出城市法的基本原则。

分论部分是在微观层面考察城市空间利益的具体分配制度与实践。居住生活和经济活动是城市空间承载的主要功能，故分论将重点分析城市居住空间的法律构造、经营场所选址的法律规制，具体考察其中蕴含的利益分配机制。在地域空间中，良好的景观风貌逐渐成为居民生活环境中不可或缺的部分，故分论还将以景观利益的界定与保障为考察对象。

遵循上述研究思路，本书将运用文本分析法，立足于我国现行有效实施的城市治理法律规范，梳理出着眼于城市空间形成与控制的规范文本，对相关问题展开实证研究；运用规范分析法，站在应然角度审视城市空间利益的分配实践，从行政法的视角将纷繁复杂的城市法制度实践纳入规范化和法治化轨道；

运用案例分析法，从城市空间利益纠纷的司法实践中提炼城市空间利益的特征与纠纷处理机制；运用比较分析法，介绍比较美国、德国、日本等国家的城市法律制度与理论，得出适用于我国城市法体系构建和城市空间利益纠纷解决的有益启示。

此外，"城市作为由人口、地理区域以及在此基础上的其他各类政治、经济、文化以及社会等多要素构成的复杂构造，其治理单靠法学知识是远远无法达成的"[1]，也需要融合政治学、管理学、社会学等方面的内容。实际上，在城市研究的众多领域中，城市政治学、城市管理学、城市社会学、城市规划学等学科已经形成了比较系统的理论范式，充分认识到城市治理中的空间不正义问题，从空间的维度来解析城市治理的困境，探究空间正义对城市治理的意义以及中国城市空间的治理逻辑，等等。[2]因此，本书将结合这些学科中的城市空间理论展开城市空间的法理证成，为城市空间语境下城市法体系的构建奠定理论基础。在法学领域，城市治理也涵盖了宪法与行政法、民商法、经济法、环境法等众多领域。因此，本书侧重从行政法的视角探究城市空间利益的保障机制，同时也会注重各部门法之间的交叉融合，确立公私互动下城市空间利益的法律保障机制。

---

[1] 朱茂磊：《论"城市法学"及其基本范畴》，载《城市学刊》2017年第6期，第38~39页。

[2] 这方面的研究包括陈鹏：《城市治理困境的生成与消解——基于城市空间的视角》，载《安徽师范大学学报（人文社会科学版）》2018年第4期；庄立峰、江德兴：《城市治理的空间正义维度探究》，载《东南大学学报（哲学社会科学版）》2015年第4期；李利文：《中国城市空间的治理逻辑——基于权力结构碎片化的理论视角》，载《华中科技大学学报（社会科学版）》2016年第3期；等等。

总　论
城市法的理论与制度构造

　　城市空间的塑造不仅是改变物质空间形态的过程，更是以空间的形式分配与调整社会利益的过程。现代社会中城市空间的快速扩张与更新，促使社会利益关系更加多元化与复杂化。因此，城市空间利益的保障机制应该内嵌于城市空间的法律构造之中。本部分将城市空间和城市空间利益当作城市治理法律制度的支柱性概念，并且建构了现代城市法以体系性地解释和回应城市空间治理的实践与困境。

第一章
城市空间的法治意蕴与治理逻辑

城市化的实践表明，城市治理是一场空间革命。自党的十八届五中全会以来，"空间治理"逐渐成为衡量国家治理现代化的新标杆。伴随着我国城市化进程的急剧加快，城市的空间治理成为国家治理的主要阵地。[1]城市内部的诸多问题在空间上高度集聚，城市治理面临诸多挑战，充满了不确定性风险。[2] 2019年底暴发的新冠肺炎疫情在城市规划、社区治理、公共环境卫生等方面对城市的空间治理能力提出了极大的考验，进一步奠定了空间视域下完善城市治理体系、提升城市治理能力的现实基础。伴随着空间矛盾的城市治理困境为空间视域下城市治理的法治化提供了问题导向。而明晰城市空间的法治意蕴，才能更好地解释城市空间利益的多元化现象，理解城市空间的概念在构筑城市治理法律制度体系中的地位与作用。鉴于此，本章探究城市空间治理中的权利与权力话语，剖析权利与权力交织中的空间争夺与矛盾，进而揭示空间权利与权力良性互动

---

[1] 杨雪冬：《城市空间治理是国家治理的主要阵地》，载《北京日报》2018年11月26日，第14版。

[2] 陈鹏：《城市治理困境的生成与消解——基于城市空间的视角》，载《安徽师范大学学报（人文社会科学版）》2018年第4期，第107页。

的法治逻辑。

一、城市空间的权利意蕴

空间的存在即代表一种自由与开放的物理状态。人在空间中生存与活动，空间具备了属人性的特征，使权益的具体实践得以展开，譬如获取空间资源的权益和实施空间活动的权益，空间因而被赋予了权利的意义。长久以来，空间被视为广义的土地概念所附属的内涵，湮没在土地财产权的话语中。而"随着城市化的进展，一些新型的权益，或者既有权益新增长的内容在城市空间结构中因应而生"[1]。

首先，人们对土地的占有与利用由平面地表扩展至立体空间，进而诞生了以地表上下一定范围空间为客体的不动产财产权类型——空间权。[2]此种意义的空间权是把空间视为独立的物权客体，强调物理属性的空间的开发利用价值。在现代社会的多样化发展下，城市空间已经发展为居住空间、生产空间、消费服务空间、文化旅游空间等多功能、多层次的有机体。这些空间形态的权利者既可以依据土地所有权或者使用权获得对空间的支配权，也可以在土地权利人之外独立地获得对地表上下空间的支配权。

其次，城市空间不仅仅是物质形态上的存在，更是社会关系的表现，同时深刻影响着社会关系。人们在城市空间中形成与发展社会关系，表达不同的利益诉求，行使居住自由、劳动权、教育权、参与政治生活、享受良好环境等权益。空间中的

---

[1] 朱芒：《城市化中行政法学的内在发展》，载《法学》2023年第5期，第46页。

[2] 薄燕娜：《城市空间开发利用法律问题研究》，中国政法大学出版社2019年版，第19页。

第一章　城市空间的法治意蕴与治理逻辑

各种权益也受到空间的影响与限制，不同的空间距离和位置影响了人们对社会资源的获取，"各种利益关系所组成的复合群体在城市空间中的'共同在场'"使空间权利产生了相互影响，甚至引发空间权利的冲突与抗争，由此产生了空间中的平等与正义问题。[1]也就是说，在城市空间社会属性的作用下，社会公平是与城市空间权利密切相关的话题。在社会公平的价值观下，城市空间权利不仅仅涉及人们对城市形体空间的占有与支配，同时也涉及人为了更好的城市生活而对城市空间的平等塑造和使用。这是亨利·列斐伏尔（Henri Lefebrre）、戴维·哈维（David Harvey）等人提出的"城市权利"概念的核心内涵。以城市空间的社会属性为基础的城市权利"远远超出我们所说的获得城市资源的个人的或群体的权利"，它是"一种按照我们的期望改变和改造城市的权利"，而"改造城市不可避免地依赖于城市化过程中集体力量的运用，所以，城市权利是一种集体的权利，而非个人的权利"[2]。融入空间要素的"城市权利"概念关注弱势群体对城市公共空间的享有和对城市公共事务的参与，具有基本权利的性质，[3]这亦加厚了城市空间的法治意蕴。

综上来说，权利意义的城市空间概念包含两层内涵：一是城市空间本身具有权利的属性，产生了人们对一定范围的地理空间享有的财产性权利，这是与获取城市空间资源直接相关的

---

[1] 何明俊：《关于空间宪政的理论》，载《城市规划》2012年第7期，第10~11页。

[2] [美]戴维·哈维：《叛逆的城市——从城市权利到城市革命》，叶齐茂、倪晓晖译，商务印书馆2014年版，第4页。

[3] 参见胡杰：《城市权利的法理意蕴》，载《法学》2020年第5期，第110~114页；刘辉：《城市权利的法理解析》，载《苏州大学学报（法学版）》2018年第3期，48~49页。

权利。二是城市空间是社会关系中各种权益活动的载体,产生了人们参与城市发展的广泛权利,这是与创造、分配城市空间资源直接相关的权利。这两个层面的城市空间权利有较为明显的区别(参见表1)。前者的属性是财产性权利,是以静态的地理空间为客体的权利;后者的属性是社会性权利,是以动态的社会互动过程为前提且与动态的城市发展过程相关的权利束。此外,从主体上看,基于空间的财产性权利通常是与国家所有制相关的公民的权利,是对私人空间享有的权利,而基于空间的社会性权利通常是城市发展中的市民的权利,主要是对公共空间享有的、常常以共同的利益追求为基础的集体权利。

表1 城市空间的双重权利内涵

属性	对象	范围	主体	特征
财产性权利	静态的地理空间	狭窄	国家公民	私人权利
社会性权利	动态的城市发展过程	广泛	城市市民	集体权利

然而,上述区别并不代表两类权利存在于不同空间体的割裂状态。实际上,私人空间与公共空间的混合与交织决定了两者是紧密联系在一起的。一方面,社会性权利仍是要以特定的地理空间为归依,私人对特定空间的财产性权利为公众社会性权利的行使奠定了基础性内容。在现代社会,私人空间的财产性权利不再是单纯地保障私人自由地使用和支配空间,也越来越多地影响与制约他人的生存与发展,承担起社会利益再分配与协调的功能,从而产生了财产权的行使须符合公共利益的社会义务。[1]另一方

---

[1] 张翔:《财产权的社会义务》,载《中国社会科学》2012年第9期,第107~108页。

面，不同利益主体对空间财产性权利的争夺会构成社会性权利行使的直接动力，社会性权利的行使样态往往决定了利益主体在地理空间中的位置。

二、城市空间的权力意蕴

城市空间的语境不仅在于人们对地理位置的使用以及社会整体文化的形成，也在于国家政治战略的部署与实践。"空间是政治性的"，"它一直都是政治性的、战略性的"。[1]在城市空间治理中，国家权力通过对城市物理空间与社会空间的改造影响来落实国家建设的政治要求，在国家权力的运作下城市物理空间与社会空间才产生相互作用的关系。同时，人们对有限空间资源的争夺与冲突也产生了国家权力对空间资源进行权威性分配、调节城市物理空间与社会空间之间矛盾的必要。这形成了城市空间的政治属性，人类文明的发展史同时也是"城市空间与政治权力融合发展"[2]的历史。政治维度的城市空间因而具有了权力的内涵。

"空间本身就是一种极为重要的权力，空间是权力运行的重要载体。空间本身也是一种权力的象征，空间的塑造遵循着权力的逻辑，与此同时权力通过城市空间来发挥作用。"[3]从城市空间塑造的历史变迁来看，城市权力结构直接影响着城市空间的发展，并且经历了从公权力占支配地位到公权力与私权利混

---

[1] [法]亨利·列斐伏尔：《空间与政治》（第2版），李春译，上海人民出版社2015年版，第37页。
[2] 赫曦滢：《城市空间的政治逻辑：进路与走向》，载《深圳大学学报（人文社会科学版）》2018年第5期，第83页。
[3] 袁超、李建华：《论空间权力化》，载《湖南师范大学社会科学学报》2014年第6期，第72页。

合的转变。[1]在私人空间不断发展壮大的过程中，公共空间的需求也在不断扩大，人们冲破以私权利为基础的私人空间的物理障碍，逐渐联合起来成为利益集合体，参与到社会生活空间的共同塑造与使用之中。另外，以私权利为基础的市场与社会逐渐内嵌于城市空间的权力结构之中，打破了以公权力为来源的城市治理基础。而地方政府作为公权力的代表者既要为市场经济提供商品化空间，又要为满足公众的社会需求提供城市公共服务空间，因而在城市空间的塑造中"仍然发挥着毋庸置疑的关键作用"。[2]

此外，城市空间的塑造也受到中央与地方权力结构关系的直接制约。我国城市并无西方城市的自治传统，而是被纳入国家行政区划之内，城市与行政相互交织，自上而下、层层节制的政区体系实际上形成了统一、行政化的城市运行结构。[3]一方面，中央赋予建制市较为广泛的经济性权力，使得地方政府热衷于通过撤县并市等举措调整行政区划，从而获得城市治理上的相对优势地位与资源。另一方面，中央对部分城市、城市群的发展给予政策倾斜，期待发挥重点城市的带头作用。例如，新建产业新区、经济特区等城市形态，形成扶持性治理的城市空间；强化区域经济合作，建立城市空间的横向联系和跨越式治理；等等。

简而言之，城市权力结构的实质是"国家权力的空间尺度

---

[1] 李利文：《中国城市空间的治理逻辑——基于权力结构碎片化的理论视角》，载《华中科技大学学报（社会科学版）》2016年第3期，第40页。

[2] 何艳玲、赵俊源：《差序空间：政府塑造的中国城市空间及其属性》，载《学海》2019年第5期，第40页。

[3] 高秦伟：《城市治理现代化背景下的城市法研究展望》，载《法治社会》2023年第1期，第8~10页。

调整",在权力主体的尺度上"横向调整地方政府与市场和社会的关系,允许国家和地方政府之外的治理主体参与进来",在物质空间的尺度上"纵向调整中央与地方关系,将权力上移至区域组织和下移至地方政府"。[1]然而,在我国城市化加速发展的阶段,城市空间的权力结构已然处于失衡的状态。在横向权力结构上,城市依然是地方政府的主要载体,地方政府、市场与社会之间的权力关系不对等,导致空间的过度资本化、社会公共空间资源的逐渐萎缩、城市空间的环境恶化等城市问题。在纵向权力结构上,中央与地方关系的调整仍然没有解决大中小城市间公共资源配置失衡的现象,优势资源仍然集中在政治权力集中的城市或者地区。城市空间中各种权益的保护与规制需要借助于权力,空间的塑造和空间矛盾的化解离不开权威,那么权力结构的失衡势必影响城市空间权利的正当形成与行使。可以说,城市空间问题的实质就是权力结构的失衡导致城市空间权利未能实现合理正当的分配而引起的一系列社会结构性问题。

三、城市空间治理的法治逻辑

综上而言,城市空间具有权利与权力的双重内涵,这构成了城市空间治理的双向合法性来源,也是空间矛盾产生的根源,权利与权利、权力与权力、权力与权利在空间中的"同时在场"引发了空间的争夺与博弈。[2]法治化的城市治理环境下,空间

---

[1] 王海荣、韩建力:《中华人民共和国成立 70 年以来城市空间治理的历史演进与政治逻辑》,载《华中科技大学学报(社会科学版)》2019 年第 5 期,第 17 页。

[2] 何明俊:《关于空间宪政的理论》,载《城市规划》2012 年第 7 期,第 9 页。

权利需要法治予以确认和保障,空间权力必须在法律的授权下正当行使,在空间中的各种利益冲突也必须在法治的框架下协调和解决。城市空间的概念孕育了对空间的权利以及在空间中的各种权利与权力,构成了权利与权力的实践迈向法治的桥梁。"城市空间构筑了法治得以生成、民主得以表达、自由得以实现的重要场域。"[1]在城市空间的权利性与权力性共同作用下,城市空间治理成为蕴含规范与价值的双重命题。法律规范是在一定价值观的指导下制定与实施的,而要确立空间权利与空间权力的正当形成机制与利益平衡机制,应当在空间秩序、空间正义、空间共享等价值观的指引下构筑并践行城市空间治理的法律规范。空间秩序的意义在于把城市空间治理的各个要素与环节通过体系化的制度安排进行有机整合与集聚,主要解决的是空间秩序的框架问题。而空间秩序的内在机制,即如何协调与平衡城市空间权利与空间权力的关系,则需要空间正义和空间共享的价值指引。

(一)基于空间秩序的规范结构

按照《辞海》的解释,"秩序"的含义是"常度也,指人或事物所在的位置,含有整齐守规则之意"。空间既是孕育自由之所在,也是构建秩序之所在。自由是秩序的目标,秩序是自由的保障。空间秩序代表着城市的安定有序,在安定有序的空间内人们才有自由行动的前提,但如果自由过度,则会有空间失序的危险。从西方特别是德国的城市发展史来看,早期的城市建设是统治者的专制权力,随着"自由""财产"等启蒙思想的传播,土地所有者开始拥有在自己的土地上从事建设活动的自由。从警察专制到建设自由的这种转变形成了以建筑实体

---

[1] 胡杰:《城市权利的法理意蕴》,载《法学》2020年第5期,第118页。

为核心的城市空间秩序,政府对私人活动的干预通常只能基于排除建筑物既存危险的角度针对具体的事件或者标的物。但在人口数量剧增、城市无序膨胀、居住环境恶化等问题日益严重的背景下,以具体事项为管理对象的"点状干预"已逐渐不能满足人们对于良好居住环境与公众健康日益增长的需求,前瞻性地规划未来、综合考量多元利益的新型空间秩序显得尤为迫切。[1]新中国成立后,从计划经济时代到经济体制改革时期,国有单位作为城市土地的主要使用者,在事实上获得普遍的建设自由,而当时以项目建设为核心目的的城市规划并没有实现对所有建设行为的规范和控制,在一定程度上导致城市建设失控。随着国有土地使用制度的变革,城市规划发展为对土地开发的普遍规制,城市空间秩序的形成机制发生了构造变革。[2]如今,城市空间转型已然是城市转型的重要方面,其主要任务就是从本地实际出发,建立规范有序、高效畅通、生态宜居的城市空间秩序。[3]

城市空间汇聚了各种不同性质的要素——人的要素、物质性要素以及政治、经济、文化、生态等多种非物质性要素,但各要素之间并不是孤立存在的。城市是各种要素系统构成、空间化聚集的有机体,是各有差异的物质空间、社会空间以及物质空间与社会空间相互作用的综合创造和整合互动。可以说,城市的集聚性构成了空间秩序的前提和基础,城市的有机性与

---

[1] 何源:《德国建设规划的理念、体系与编制》,载《中国行政管理》2017年第6期,第136页。

[2] 参见陈越峰:《中国城市规划法治构造》,中国社会科学出版社2020年版,第43~62页。

[3] 魏后凯:《论城市全面转型与空间秩序规范》,载《人民论坛》2010年第32期,第13页。

系统性构成了空间秩序的内涵。城市有机体的各要素之间以及要素与环境之间的不相协调就是城市失序的表征，诸多城市问题甚至城市危机都是城市失序的连锁反应。[1]

城市治理的法治化意味着要运用法治手段构筑和维护城市空间的秩序价值，与传统行政管理侧重于人的违法行为整治相比，要面向空间概念下人和物等要素的统合性，聚焦城市功能的发挥以及与之相关的纵向和横向法律关系的调整，以系统、规范的制度设计确认和保障有序的空间要素集聚与空间利益分配。换句话说，就是要在空间治理的框架内理顺管人、管事、管物的规范结构，对空间内部主体之间的权利和义务进行合理化的配置，避免不同主体的权利在空间冲突中失序。而要形成这种以空间要素的有序统合与调配为基础的规范结构，需要在法律层面拓展空间的内涵，从当前城乡规划法律规范体系中的侧重于平面空间治理拓展至地上与地下立体空间治理，从单纯的物理空间治理拓展至社会意义上的空间治理，从现实空间拓展至历史空间和未来空间。[2]

（二）基于空间正义的制度供给

《辞海》对"正义"的解释是"对政治、法律、道德等领域中的是非、善恶作出的肯定判断"。据此，正义包括政治正义、法律正义和社会正义等。空间正义则是社会正义在空间中的呈现，是在将空间要素嵌入到社会理论研究的方法论下产生的社会正义的空间维度。其理论背景是西方学界自20世纪70年

---

[1] 陈忠：《城市意义与当代中国城市秩序的伦理建构》，载《学习与探索》2011年第2期，第2页。

[2] 崔俊杰：《基于空间的首都城市治理法治化》，载中国政法大学法治政府研究院主编：《中国法治政府发展报告（2020）》，社会科学文献出版社2021年版，第399~400页。

代开始掀起的社会科学的"空间转向"潮流。即在空间生产理论的影响下突破将空间视为社会实践场所和中介的"工具性空间"认识，凸显空间的社会属性和政治属性，强调空间的社会生产与社会的空间再生产之间的相互作用关系。在通过城市化实现资本积累的过程中，"空间生产和空间垄断是积累过程不可缺少的部分"，这"不仅仅是简单地凭借改变商品在空间上的流动而推动积累，而且还凭借不断创造和生产出来的空间场所来推动积累"[1]。另外，空间正义的观念也有着深刻的社会根源。二战后西方资本主义国家的发展经历了城市危机、经济重构、经济全球化、城市重构等社会问题，在这个过程中城市空间中的不正义问题日益严重，催发了寻求空间正义的社会运动。[2]可以说，空间正义观念蕴含着"正义的空间性"和"空间的正义性"两个维度，既是如何在空间中实现正义的问题，又是如何让空间生产过程符合正义的问题，指向的是维护公民的城市空间权利。[3]

公平正义是人类社会普遍认同和恒久追求的价值目标，但其内涵本身就是极其丰富、见仁见智的，空间正义作为社会正义的空间呈现，也是具有多重内涵的。而"法或法律都不仅具有规范性、明确性和可操作性等行为特征，而且具有与公平正义、理性自由等相联系的价值特征，是把道德意义上不确定的公平正义通过法律予以具体化、条文化、规范化、统一化和标

---

[1] ［美］戴维·哈维：《叛逆的城市——从城市权利到城市革命》，叶齐茂、倪晓晖译，商务印书馆2014年版，第43页。
[2] 曹现强、张福磊：《空间正义：形成、内涵及意义》，载《城市发展研究》2011年第4期，第125~126页。
[3] 孙全胜：《空间正义的价值诉求及实现路径》，载《学术交流》2020年第12期，第55页。

准化的重要制度安排"。[1]在法治框架下实现公平正义是现代法治社会的普遍选择。当前我国城市治理实践中空间正义的缺失,其制度根源就在于"城市治理法律制度对空间正义供给不足"。[2]

空间正义的空间维度重点关注的是建立空间与人的积极联系,实现公共资源给付的空间公平。这对城市治理法律制度的指导意义在于,城市空间的塑造要以人为本,以城市居民的空间需求来确定城市空间的规划目标、开发与更新区域等内容。从权利与权力的角度来说,就是要把国家权力与市场资本对空间的支配转变为以人民群众对空间的使用需求为主,在立法中确认公民的空间权利。"空间权利的提出就是要规范空间权力。"[3]而人的空间需求又是多样的,城市治理法律制度还应当维护城市空间的多元化发展,尊重不同空间的差异文化,平等地对待不同空间群体的利益需求,避免城市空间在文化价值上形成强权支配下的同质化。简言之,城市治理的法治化要以协调城市居民对空间的多样化、差异化使用从而实现对空间权利的保障为制度目标。

空间正义的正义维度强调通过合理的空间生产与分配机制促进社会公平,包括空间生产与分配过程中的正义、空间分配结果的正义。"过程中的正义"要求保障城市空间的多元利益主体平等、公平地参与到空间的生产与分配过程中,特别是确保

---

[1] 李林:《通过法治实现公平正义》,载《北京联合大学学报(人文社会科学版)》2014年第3期,第8页。

[2] 陈晓勤:《空间正义视角下的城市治理》,载《中共福建省委党校学报》2017年第10期,第63页。

[3] 孙全胜:《空间正义的价值诉求及实现路径》,载《学术交流》2020年第12期,第63页。

城市居民在城市空间规划、开发与更新、公共资源给付等决策中的话语权和参与权，有效地约束和监督政府的空间权力，使城市空间的生产与分配真正符合人的使用需求。这其实包含着共建共治城市空间的价值内涵。"结果的正义"指公平、合理地分配与给付住房、交通、医疗、教育等公共资源，切实维护城市弱势群体的空间权利，防止城市公共空间的私人化。这种分配结果的正义与分配过程中的正义紧密联系，指向的是城市空间的共享。

总之，空间正义旨在通向有序、公平、共享的城市治理制度构造，包含着秩序和共享的空间价值，也因此被视为"城市治理的核心价值导向"。[1]在我国的城市治理实践中，居住空间的贫困、异化、隔离等现象是典型的空间正义缺失，使得空间正义理论的中国本土实践被赋予了极大的现实意义。住房是城市最大的空间需求，同时关系着公共服务的配置，保障城市居民的基本住房需求可以说是实现空间正义优先和关键的环节。

(三) 基于空间共享的实践运行

城市空间不仅是孕育机会资源、实现个人自由的重要载体，更是牵系共同利益、建立社会共同体的环境。"个体自由与共同体责任是城市平衡发展的两个发动机或者说两翼。"[2]而城市公共空间是不同利益主体能够共同享用、超脱空间争夺关系，平衡个体自由与共同体责任之重要场域。空间共享是城市公共空间公共属性的本质体现，也意味着城市公共空间的治理有赖于多元化主体的广泛参与，为城市空间的共同建设与治理提供了正当性依

---

〔1〕 郑鎏娟：《空间正义：城市空间治理的价值导向》，载《中国社会科学报》2020年11月25日，第B03版。

〔2〕 陈忠：《城市意义与当代中国城市秩序的伦理建构》，载《学习与探索》2011年第2期，第4页。

据。"共建共治共享是城市治理的正确路径和价值目标。"[1]城市治理的法治化应当坚持空间共享的理念,为空间秩序与空间正义的法治实现提供内在的动力支撑。

构建共享空间的首要路径是预留公共开放的物质空间,增加公共空间规模和开放度,给城市生活者提供开放共享的空间机会。这要求在城市空间的规划中设定公园、绿地、广场等开放空间的供给,合理配置城市基础设施和公共服务设施的用地。特别是要保障社区配套公共服务设施的合理配置,强制要求住宅小区项目的配套服务设施与住宅主体工程同步规划、同步建设、同步验收、同步交付使用。[2]在城市空间的开发与更新过程中,应当优先安排城市基础设施和公共服务设施的建设与完善,逐步打开封闭的社区公共空间,推进城市交通、公园、绿地、广场等设施与周边社区的融合共享。为了促进城市公共空间的扩大与完善,行政机关还可以综合运用规划、协议、许可、允诺、指导、奖励等规制手段,同时对违法占用公共空间的私人行为予以积极整治。

公共、开放空间的物质性供给是营造共享空间的前提,但并不必然是通往共享的空间实践。这是由共享空间的社会和文化维度所决定的。城市公共空间的塑造是以人的利益需求为基础的,是为了满足人们的美好生活需要,而让城市公共空间包容不同人、不同层面以及不同时刻的利益需求从而使之成为整体价值层面的人人共享,才是共享空间的要义所在。这就要求

---

[1] 杨建顺:《城市治理应当坚持共建共治共享》,载《城市管理与科技》2019年第6期,第40页。

[2] 近年来,我国已有一些城市出台了关于城市居住小区公共配套服务设施的建设管理规定,要求居住小区配套公共服务设施的性质、建筑规模、用地面积、用地位置等在控制性详细规划或者修建性详细规划中具体规定。

第一章 城市空间的法治意蕴与治理逻辑

通过城市治理法律制度合理确定城市空间的开发与更新需求，创造丰富多样的城市公共空间，"使更多类型的城市人能够在公共空间的活动中相互依存、相辅相成，共同营造出富有社会性和文化性的共享空间"。[1]那么，在城市空间的规划层面，首先要根据城市发展特点和公众对城市功能的多样需求，对城市的各项用地进行全面规划和统筹安排，保障不同层次的各类规划之间的总体协调性，[2]使得人人可以在城市的不同空间中共存发展。其次，城市基础设施和公共服务设施等空间的建设规划要充分考虑周边居民的需求设计多功能多样态的公共空间，使得同一空间的不同使用者谋求空间机会上的利益平衡。[3]也就是说，通过广域和狭域的空间规划统筹，从满足公众使用的角度提升城市空间的公共功能与设计质量。

共享并不是简单地把共享作为结果，而是把共享作为共建共治的动态延续过程。共建共治意味着公权力与私权利混合的城市空间权力结构，并且努力把城市公共空间塑造为利益平衡

---

[1] 刘宛：《共享空间——"城市人"与城市公共空间的营造》，载《城市设计》2019年第1期，第55页。
[2] 目前我国国土空间规划的立法动态是以一个大一统的国土空间规划来代替各项规划，但受限于各部门的协调能力和规划编制技术，大一统的国土空间规划容易沦为形式上的"多规拼接"。在拟出台《国土空间规划法》的立法趋势下，我国的国土空间规划法律体系应以该法为上位基本法，《土地管理法》《城乡规划法》等空间规划法律法规为下位专项法，据此形成以国土空间规划为上位统领规划的科学合理的"多规并行"体系。王操：《"多规合一"视阈下我国空间规划的立法构想》，载《甘肃政法学院学报》2019年第6期，第141页。
[3] 2013年《国务院关于加强城市基础设施建设的意见》规定，"优先加强供水、供气、供热、电力、通信、公共交通、物流配送、防灾避险等与民生密切相关的基础设施建设"，"城市基础设施规划建设过程中，要统筹考虑城乡医疗、教育、治安、文化、体育、社区服务等公共服务设施建设"。有的城市将居住小区公共配套服务设施按属性分为非营利性和营利性（或者公益性和经营性、公益性和非公益性）两大类。

的共享空间。为此，城市治理的法治化必须依法保障公众在城市治理中的知情权、参与权、表达权和监督权。而要达到积极有效的公众参与，其前提是信息的畅通，行政机关有义务主动公开城市空间规划编制、拟开发与更新的项目等信息，[1]让公众能在行政决策之前充分表达自己的利益需求。公众基于空间共享积极参与到城市空间的共建共治之中，也是对政府权限行使的有效监督。在共建共治共享过程中，城市政府应该从"划桨人"转变为"掌舵人"，同市场、企业、市民一起管理城市事务、承担社会责任。

本章小结

城市空间的治理实践与困境呼唤空间视域下城市治理法律制度的构建，这是城市治理法治化必须贯彻的问题意识。城市空间具有权利性与权力性相互交织的属性，这不仅构成了城市空间治理的双向来源，也是产生空间矛盾的根源。从权利义务关系的视角观察城市空间中的社会事实，可以说城市在整体上构成了公权力者—土地权利者—城市使用者的三角形法律关系结构。[2]为了筑建起空间权利与权力的良性互动关系，城市治理的法治化要提供空间权利与权力的合理形成机制以及各种利益关系冲突的有效协调机制，确立城市治理的规范尺度和价值指引。即以系统化、体系化的法律制度构筑空间秩序的框架，践行城市空间的依法治理，同时在城市治理具体制度的完善中推动空间正义与空间共享的实现，充实空间秩序的内在机制，

---

〔1〕《中华人民共和国政府信息公开条例》第19条规定："对涉及公众利益调整、需要公众广泛知晓或者需要公众参与决策的政府信息，行政机关应当主动公开。"

〔2〕朱芒：《城市化中行政法学的内在发展》，载《法学》2023年第5期，第35~37页。

践行以人为本的空间治理。城市治理本身就是一种制度的创新，需要改变传统的行政管理法制来适应城市治理的模式，而城市良法善治理念的确立是城市治理从传统型管理理念向现代型治理理念的价值转型。[1]空间秩序、空间正义、空间共享是现代法治精神所倡导的共同价值追求在城市治理中的投射，集中体现了城市治理的良法善治内涵。这些价值理念不仅对推动城市治理法制的创新与完善有指导意义，也应当通过贯穿于城市治理行政执法与司法审判工作[2]之中，促进城市治理实践中法律效果和社会效果的统一。

---

[1] 朱未易：《论城市治理法治的价值塑型与完善路径》，载《政治与法律》2015年第2期，第73页。

[2] 在顾某诉南京市建邺区教育局教育行政管理案［江苏省南京市中级人民法院（2016）苏01行终139号行政判决书］中法院指出施教区划分的合理性有待提高，在林某国诉济南市住房保障和房产管理局房屋行政管理案［最高人民法院（2016）最高法行再17号行政调解书］中最高人民法院基于弱势群体的住房保障进行调解，这些司法实践实际上贯彻了空间正义与空间共享的价值。

第二章

现代行政法意义上的城市空间利益

在现代社会,一定区域内城市空间的开发、改造与利用极容易导致多元权益的冲突与对立,如何协调既存的多种多样的利益与因开发、改造行为而产生的新利益,已然成为行政法领域研究颇多的课题。然而,相关研究还只是把这样的多元权益现象视为城市空间利益的正当分配问题,没有从理论上将城市空间利益界定为一个行政法意义上的概念。[1]相对地,如前所述,有学者提出了物权法意义上的空间权、土地空间权、城市空间权等概念。但这些研究从根本上来说都是一种私法权利视角的研究,把与城市空间相关的权益视为独立的财产权,并未揭示出城市空间利益的独有特征。

目前,城市建设类行政纠纷愈来愈多地表现为行政主体—行政相对人—行政第三人之间的三面关系纠纷。其中一类典型的例子就是,规划局对某个建设单位(行政相对人)做出规划许可,建设工程附近的多数居民(行政第三人)以日照、通风、采光等利益受到侵害为由提起行政诉讼。在这类诉讼中,生活

---

[1] 参见陈越峰:《城市空间利益的正当分配——从规划行政许可侵犯相邻权益案切入》,载《法学研究》2015年第1期,第40页。

第二章　现代行政法意义上的城市空间利益

在共同城市空间内的多数居民往往因同一个行政行为形成集合性或共同的利害关系。例如，最高人民法院公布的房地产领域典型案例——念泗三村28幢楼居民35人诉扬州市规划局行政许可行为侵权案[1]，以及沈某贤等182人诉北京市规划委员会颁发建设工程规划许可证纠纷案[2]，等等。在我国小区式住宅普遍的环境之下，小区内的多数居民都有可能形成一个有集合性或共同利害关系的群体。

党的十九大报告明确提出"打造共建共治共享的社会治理格局"；党的二十大报告进一步提出"健全共建共治共享的社会治理制度"，"建设人人有责、人人尽责、人人享有的社会治理共同体"。城市空间利益行政纠纷的集合性、共同性特征也反映了我国社会治理的新格局。从治理的空间维度而言，社会治理主要是对居民公共生活的城市空间的治理，这样的城市空间不仅是"共享"的，也是多方利益主体参与"共建"与"共治"的。所以，一定区域内城市空间的开发与利用，必然触及共建共治共享该区域的集合性或共同利益。

现代社会的城市化高度发展使城市空间利益作为一种集合性利益的特征愈加明显，而我国的相关研究中，占主导地位的私法权利视角的空间权、土地空间权概念已然不能适应城市空间利益的集合性特征，亟待从公法权利视角发展与创新将城市空间利益视为集合性利益的相关法学理论。基于此，本章将从行政法的角度构建城市空间利益作为集合性利益的概念，而鉴于我国对城市问题研究视角的局限性，将参考日本学者将城市空间利益视为集合性利益的相关研究，进而提出如何在我国行

---

[1] 参见《最高人民法院公报》2004年第11期。
[2] 参见《最高人民法院公报》2004年第3期。

政法语境下构建城市空间利益的概念。

一、城市法理论中的城市空间与城市空间利益

从行政法的意义上界定城市空间利益，并不是从一般行政法的角度出发，而是把城市空间利益作为城市行政法中的一个概念进行考察。城市行政有别于传统的消极行政，是对城市空间秩序形成与控制的一种积极行政，所以尤其需要确定城市的主体性地位。然而，我国目前尚缺乏系统的城市法研究，城市及城市化相关的法律问题被分解或转换为其他问题来对待，城市并未作为一个法律概念尤其是行政法概念而存在。[1]在地方分权不断发展的日本，从20世纪80年代开始就形成了比较系统的城市法理论。

（一）从土地法到城市法

日本学界对城市法的正式研究是以1987年五十岚敬喜的著作《都市法》为标志。这个阶段的研究可以说是经历了从"土地法到城市法（都市法）"的转变。所谓土地法的研究是指，伴随着1968年日本《城市规划法》的制定，围绕着城市的土地利用现象，以田中二郎为首的行政法学者们对以土地所有权为中心的财产权规制研究，其关注的焦点是财产权规制的可能性及正当性。但是，这种研究主要讨论的是行政主体与行政相对人（主要指土地所有权者）之间的二面关系，无法解决城市生活环境受到影响的利害关系第三人的保护问题。在这个背景下，日本行政法学界的研究对象从对土地的规制扩大到对"空间"的规制。起初对"空间"的规制研究聚焦在国土、环境等宏观

---

[1] 张力：《论城市作为一个行政法概念———种组织法的新视角》，载《行政法学研究》2014年第4期，第91页。

第二章　现代行政法意义上的城市空间利益

空间，之后随着行政法学的研究课题扩大到包括利害关系第三人的三面关系，地区层面的城市生活环境空间逐渐被纳入法学研究的范畴。[1]随后，五十岚敬喜的著作《都市法》开启了对城市空间的正式研究。

　　五十岚敬喜把"特别适用于都市的法"统称为"都市法"，指出都市法的目的在于阐明与城市的空间价值和构造相关的规则。他认为都市法相较于土地法而言更关注城市的安全、美观、舒适、便利等空间价值，相较于环境法或者公害法而言更关注包含环境或者公害问题在内的城市整体构造，进而奠定了都市法作为一个相对独立的法学部门的特殊地位。在这个前提下，五十岚敬喜主张运用都市法处理城市问题时，除了实体法之外还应提倡地方政府运用行政规划、行政指导、建筑协定等现代规制手段。[2]他指出日本当时的《城市规划法》等有关土地利用的法律是规制以近代土地所有权为前提的建筑自由的，适用于全国范围内。而他所主张的都市法是以地方运用指导纲要、环境权、建筑协定等现代规制手段为背景，以建筑不自由为前提，只有通过地方居民的同意才能解除这种建筑不自由。所以，五十岚敬喜的城市法理论被评价具有"地域法"的特征，特别重视城市——地方政府的作用，强调地方分权的重要性。同时，五十岚敬喜还提倡对城市空间中居民具体的实体利益给予法律保障。

　　五十岚敬喜之后比较有代表性的城市法研究是矶部力的城市法理论。在当时有关城市土地利用的法律体系比较混乱的背

---

　　[1]　岩橋浩文『都市環境行政法論——地区集合利益と法システム』（法律文化社、2010年）22-23頁。

　　[2]　五十嵐敬喜『都市法』（ぎょうせい、1987年）1-4頁。

景下，矶部力主张构建城市法体系来统一规范城市的土地利用秩序，并指出这是推动"城市政策有效施行不可或缺的前提"。[1]他将城市法视为关于城市土地利用的法规范或者规则，但并不是在土地商品的角度下以土地的所有和交易等法规范或者规则为中心，而是在城市的土地空间构成人类各种具体活动场所的角度下以各个土地利用者们集合形成的城市环境秩序的法规范或者规则为中心。因此，他把城市法的主要关注点诠释为"把城市生活环境秩序内部自我生成的各种各样的客观法状态，直接、正确地反映在规范伦理的世界中"。[2]

与五十岚敬喜一样，矶部力也是从法规范或者规则的角度界定城市法，而且也强调地方政府在城市发展中的主体性。矶部力认为地方政府对城市的土地利用秩序拥有固有的规制权限，先于国家层面的法律规制而存在。比较特别的是，矶部力还从行政法学的角度展开了都市法理论。他认为当时的行政法理论无法系统地解释指导纲要、建筑协定等现代都市法现象，遂提出了"城市环境管理"或者说"城市环境管理规划"的方法论。他把城市特有的问题都视为城市环境问题，认为一定地域空间的城市环境更多地依存于人为创造的条件，不仅包括自然环境还应当包括人工创造的生活环境，而传统的日照受阻、噪声等城市公害问题以及绿化、环境保护等环境问题不能充分说明这样的城市环境问题。在此基础上，他主张对居民具体生活的"珍贵、有限的人类生活环境空间"进行"综合性、规划性的管理"，并把这种城市环境管理分解为以下三个内涵：其一，

---

[1] 礒部力「都市の土地利用と『都市法』の役割」石田頼房編『大都市の土地問題と政策』（東京都立大学出版会、1990年）199-200頁。

[2] 礒部力「都市の土地利用と『都市法』の役割」石田頼房編『大都市の土地問題と政策』（東京都立大学出版会、1990年）203-204頁。

要明确城市环境作为公物的属性。其二,为了全体居民的共同生活利益,要综合把握"安全、便利、舒适"这三大城市环境构成要素。其三,要明确城市政府作为城市环境管理人的地位。[1]

(二) 现代城市法理论

日本城市法理论的第三个类型被称为现代城市法理论,[2]以1993年原田纯孝等学者编著的《现代都市法》为集中代表。原田纯孝指出,仅从土地法的层面分析与把握现阶段各种各样的都市法现象有视角狭隘、整体问题部分化之嫌。他从以下四个方面分析了构建现代城市法体系的契机与根据:其一,城市是人们经济活动和日常生活的"场所",对在这个场所活动的人们而言构成了一个"共同的城市空间";而这样的城市空间又是人们不断创造出来的,是"形成和创造的对象"。其二,从欧美各国和日本的城市发展史来看,经济的发展促进了城市的发展和扩张,同时又滋生了许多城市问题,尤其是生活环境方面的矛盾更加显著。其三,在城市发展衍生城市问题的背景下,欧美各国在二战之后通过系统的城市政策来有意识地抑制城市空间的形成与利用。其四,城市虽然是城市居民共同的生活和活动空间,但城市的物理基础——土地同时又是私人所有权的对象,这构成了"土地所有权的二重属性"的前提。而共同的生活和活动空间作为人们有意识、有计划地形成和创造的对象,存立于国家保障的各个私人所有权之上,这本身就存在根本的矛盾,所以城市法制的发展不可避免地伴随着对私人所有权的公共介入。对于土地或者说土地所有权的二重属性,即作为私

---

[1] 磯部力「都市の環境管理計画と行政法の現代的条件」兼子仁・宮崎良夫編『行政法学の現状分析:高柳信一先生古稀記念論集』(勁草書房、1991年)324-331頁。

[2] 吉田克己『現代市民社会と民法学』(日本評論社、1999年) 38頁。

人所有物的个别支配与作为城市空间组成部分的有计划地形成与创造，如何予以调整并合理地结合不得不说是重大的问题。[1]

在这样的问题意识下，原田纯孝阐述现代城市法的存在意义在于，承认城市空间作为共同的"场所"的公共性质，在此基础上从经济—市场体制的外侧对城市空间的形成与利用分配进行公共规制的制度构造。因此，他将现代城市法定义为"从公共角度实现、控制包含城市环境在内的城市空间的形成与利用的一连串制度的总和"。[2] 他指出，现代城市法不仅包括形成与管理城市物理空间的"硬法"，也包括调整和均衡城市物理空间形成与管理过程中的各种利益要求的"软法"。进一步地，他提出现代城市法的作用在于，一方面要为形成、创造"理想的城市"提供一定的理念与目的，另一方面要根据这样的理念与目的调整、规制在城市中生活和活动的各主体之间的利害关系；[3] 现代城市法的本质在于，合法且正当地践行法定的民主程序，形成城市居民的合意，促使城市居民共同地控制他们生活和活动的"场所"，塑造城市空间的应有形态。[4]

可以说，在日本城市法理论的发展过程中，城市空间的法律地位得到了确认。日本城市法学者基本上都把城市空间作为城市法理论体系中的一个核心概念，揭示了城市空间作为生活环境空间的地域性与共同性特征，从而使城市空间的相关利益——

---

[1] 原田純孝「序説 比較都市法研究の視点」原田純孝ほか編『現代の都市法』（東京大学出版会、1993年）4-7頁。

[2] 原田純孝「序説 比較都市法研究の視点」原田純孝ほか編『現代の都市法』（東京大学出版会、1993年）9頁。

[3] 原田純孝「序説 比較都市法研究の視点」原田純孝ほか編『現代の都市法』（東京大学出版会、1993年）14頁。

[4] 原田純孝「『日本型』都市法の形成」原田純孝編『日本の都市法Ⅰ構造と展開』（東京大学出版会、2001年）4頁。

城市空间利益表现为地方居民的共同利益。不过，他们对城市空间利益在实体层面表现为哪些内容有不同的观点。矶部力所提倡的城市空间利益是享受"安全、便利、舒适"的生活环境的利益，而五十岚敬喜所主张的城市空间利益要因地而论，具体内容为某个场所、地域内的美观等具体的实体利益。[1]这种因地而论的观点与现代城市法理论中的"场所"有一定的关联性。因为现代城市法理论将城市空间界定为"场所"，并强调这个场所的"多层性、多元性"，各个具体的场所则有相对应的城市空间。然而，我们难以在日本的城市法理论中窥见城市空间利益在城市法制度尤其是在城市行政法制度上的具体表现，而在有关集合性利益的理论研究中才能有所发现。

二、城市空间利益作为集合性利益的理论化

城市空间虽然是多元的结构，但在一定地域范围内的城市空间利益总是各种实体利益的交错融合，而其中有关生活环境的利益往往是由共同生活在这个城市空间的居民作为一个集合体共同享有的。按照传统的一般公共利益与私人利益的二分论，这种集合性的城市空间利益既不能完全归属于一般公共利益，又不能分解为个别具体的私人利益，而是介于一般公共利益与私人利益之间。于是，在日本民法和行政法学界就涌现了一批有关公私利益的中间利益——集合性利益（或者说集团性利益）理论的研究，[2]行政法学方面比较具有代表性的集合性利益理

---

[1] 对五十岚敬喜和矶部力的城市法理论的比较，参见见上崇洋『地域空間をめぐる住民の利益と法』（有斐閣、2006年）27頁。
[2] 例如，2013年2月2日，日本神户大学召开了有关集合性利益理论研究的学术会议，该会议的成果以特集《公法与私法中集团性·集合性利益理论的可能性》刊登在日本《民商法杂志》2013年第148卷第6号。

论有以下三种。[1]

(一) 亘理格的"共同利益"理论

亘理格是在2002年日本讨论修改《行政诉讼法》的背景下提出共同利益理论的，针对的是判例上行政诉讼原告资格的判断标准采用"法律上所保护的利益"说[2]所导致的这个问题：利害关系第三人的某些利益既不能被一般的公共利益所吸收、又不属于私人的个别具体利益。他提出在公私利益之外还有第三种利益类型——"共同利益"，并把环境保护方面的利益，以及公共服务领域利用道路、公园等公共设施的相关利益列举为典型的共同利益。

那这种共同利益是以什么为基础、基于什么而存在呢？亘理格的观点是，共同利益是"以一种社会现实状态为基础的概念"，即"在一定地域范围内存在着某些利益被人们视为自己的利益而共同地享受"。[3]在这个层面上，也可以说共同利益是一个社会学上的概念。

虽然共同利益理论是亘理格针对行政诉讼原告资格问题提

---

[1] 需要注意的是，在本章介绍的集合性利益理论中，只有见上崇洋的理论仅以城市空间利益为对象，亘理格和仲野武志的理论是以所有集合性利益为对象，除了城市空间利益之外，还包括消费者利益等集合性利益。

[2] 根据日本《行政诉讼法》的规定，行政诉讼的原告须具有"法律上的利益"。对于如何解释"法律上的利益"，日本行政法学界存在着"法律上所保护的利益"和"法律上值得保护的利益"这两种学说的对立。而日本的判例通常采用的是"法律上所保护的利益"说，从以下三个要件展开对原告资格的具体判断：第一个是不利益要件，即原告主张的利益受到或者即将受到被诉行政行为的侵害；第二个是保护范围要件，即原告主张的利益须是被诉行政行为的根据法规或者关联法规所保护的利益；第三个是个别保护要件，即原告主张的利益须是一般公共利益所不能吸收的，作为个别性的利益被给予保护的。

[3] 亘理格「共同利益論と『権利』認定の方法」民商法雜誌148巻6号（2013年）518頁。

出的，但他同时又指出共同利益并不是判断第三人原告资格的基准，只是判断原告资格时应该考虑的前提事项。换言之，不能因为生活环境上的利益、景观利益等属于共同利益，就得出享有该利益的人具有原告资格的结论。亘理格指出，共同利益作为第三种利益类型的一个显著的功效在于，打破了一般公益和个别利益固有的二分论，颠覆了"不属于个别利益的中间利益原则上被一般公益所吸收，只有在例外情况下才作为个别利益保护"的传统观念。他主张，根据"法律上所保护的利益"说的个别保护要件的法律解释，共同利益也可以成为个别具体的利益，从而使共同利益享有者具备行政诉讼的原告资格。[1]

除了上述内容之外，亘理格的共同利益理论还涉及共同利益的制度保障问题。对此，亘理格首先强调共同利益并不是绝对受保护的利益，也要与公共利益、私人利益或其他共同利益相互调整，共同利益作为第三种利益类型的地位也要求在立法及行政决定的过程中对共同利益给予适当的考量。在此基础上，亘理格提出要尽可能充实市民对公共政策决定、规划制定过程的参与制度。除了参与制度之外，亘理格还提出共同利益作为独立的利益类型也为团体诉讼制度创造了可能性。而且他还主张，共同利益独立于一般公共利益恰好可以对应团体诉讼的两种类型——共同利益性的团体诉讼和纯粹公益性的团体诉讼。[2]

（二）见上崇洋的"共通利益"理论

见上崇洋把一定地域空间内利害关系者享有的、不能分解为个别权利与利益的利益群称为"共通利益"，他提出共通利益

---

[1] 亘理格「共同利益論と『権利』認定の方法」民商法雜誌 148 卷 6 号（2013 年）521 頁。

[2] 亘理格「共同利益論と『権利』認定の方法」民商法雜誌 148 卷 6 号（2013 年）536-539 頁。

理论是基于环境利益等城市空间利益不能得到有效保护这一问题。因为日本的城市法制长久以来都是以土地财产权的保护为焦点，而地域空间内因城市规划的制定等行为产生或受到影响的居民生活上的利益都被认为与具体行政行为的规制效果无关，只是被视作反射性的利益。这样一来，地方居民主张环境等方面的利益受到侵害而提起行政诉讼时，法院就会以该利益被一般公共利益所吸收为由判定地方居民没有原告资格。作为对这种判例理论的批判，见上崇洋确定了地域居民的空间利益作为共通利益的法律地位，主张一定地域范围内的共通利益能够为地方居民的行政诉讼原告资格提供理论依据。

见上崇洋认为，某片土地相关联的利益不仅是土地财产权，还包括以土地财产权为基础的其他诸多利益，它们之间的相互关系会对这片土地上的相关利益产生影响。但他同时又指出，尽管土地财产权占据支配地位，但因为土地具有公共性，所以仅从财产权的视角把握地域空间内利害关系者的利益是不妥当的。他还进一步指出，土地的公共性特征表现为土地的位置固定性、非生产性、连接性、相互影响性、开发或改造行为的准永久性、不可逆性等要素，这些要素构成了制约个人权利的依据。据此，他认为地域空间内成立的共通利益是源于土地之上物理空间的公共性特征，尤其是土地跨越区划的连接性特征。[1]

那共通利益具体指哪些利益、是什么样的利益呢？对于这个问题，见上崇洋继承了现代城市法理论中场所的多层性、多元性观点，主张共通利益的具体内容因地域空间的具体情况而不同，而某地域空间的具体共通利益可以通过日本《城市规划

---

[1] 見上崇洋『地域空間をめぐる住民の利益と法』（有斐閣、2006年）11-12頁。

第二章 现代行政法意义上的城市空间利益

法》上规定的区域区分、地域地区等城市规划[1]来确定。该法规定了制定区域区分、地域地区等城市规划的目的与基准,[2] 在见上崇洋看来,这些目的与基准构成了城市空间利益应该达到的水准,在城市规划中设定区域区分、地域地区时应当考虑这样的城市空间利益,至少在区域区分、地域地区等城市规划划定的具体地域内有关居住或生活上的诸多利益应当得到共通的法律保障。[3]而且,这种对城市空间利益的法律保障,不仅在于以城市规划为代表的行政规划对共通利益"地域性"的确定作用,还通过以行政规划为基准的行政行为对具体利益的保障来共同实现。

在这个基础上,见上崇洋从制度层面对城市空间内的共通利益做出了这样的描述:在城市规划这样的空间规制法中,通过用途地域等规划设定基准,通过建筑确认、开发许可等行政行为做出具体的规制,由此确保居民的居住等利益达到一定的水准,这样的法律构造使一定地域空间内的居民利益得到法律保障。[4]据此,应当充分保障相应范围内的地方居民参与规划

---

[1] 日本的城市规划大体分为土地利用规划和事业规划,区域区分规划和地域地区规划就属于土地利用规划。区域区分是指在城市规划中将城市规划区域区分为促进城市发展建设的地区(城市化地区)与原则上控制城市开发建设活动的地区(城市化调整地区),该制度配合开发许可制度以达到控制城市用地无序扩张的目的(日本《城市规划法》第7条)。地域地区是指在城市规划中城市规划区范围内的用地按照规划意图划分为不同的地域、地区或者街区(日本《城市规划法》第8条),比较典型的是划分居住、商业、工业等用途的用途地域,类似美国的分区规划(Zoning)制度。

[2] 例如,日本《城市规划法》第9条就规定了设定各种地域地区的目的与基准。比如说,该条第1款规定,第一种低层居住专用地域的目的是保护与低层住宅相关的良好的居住环境。

[3] 見上崇洋「都市法論における共通利益と行政計画」立命館法学5・6号(2008年)1848-1870頁。

[4] 見上崇洋『地域空間をめぐる住民の利益と法』(有斐閣、2006年)30頁。

045

编制及实施的程序性权利，并赋予他们争讼用途地域等规划，以及建筑确认、开发许可等行政行为的原告资格。

（三）仲野武志的"凝集利益"理论

仲野武志的集合性利益理论是参照日本《森林法》关于保安林[1]指定和解除的规定提出的。原《森林法》第24条规定，对保安林的指定和解除"有直接利害关系的人"可以针对指定和解除行为提起诉愿和行政诉讼。类似地，现行《森林法》规定，对保安林的指定和解除"有直接利害关系的人"，可以向农林水产大臣申请将某森林指定为保安林或者解除对某森林保安林的指定；对农林水产大臣要解除保安林的指定有异议时，可以提出意见书，参加公开听证程序（第27条、第30条、第32条）。仲野武志指出，这些规定中"有直接利害关系的人"（以下简称"关系人"）的利益"由不特定多数人不可分割地享受，在这点上既不归属于各个享受者的主观性权利的总和，也不归属于全体享受者构成的法人"。而且关系人的范围被划定在因保安林而受益的人的范围之内，应该与《森林法》课以负担金的受益者范围[2]一致，具有明确的"法律上的外延"。据此，这样的关系人因明确的外延成为与一般国民截然不同的团体，而且具有不能分解为各个关系人的内涵，即使成员变更也依然存在，仲野武志把具备这样外延和内涵的利益称为"凝集利益"。

---

[1] 保安林是指为涵养水源、防止土壤流失等灾害、维护生活环境与景观等公益目的而被农林水产大臣或都道府县知事指定的森林。被指定为保安林后，对该森林内树木的采伐、土地的开发等行为要受到相应的限制。

[2] 日本现行《森林法》第35条规定，国家或者都道府县应当根据政令的规定，对被指定为保安林的森林的所有者及依据其他权原对森林的竹木、土地有使用或者收益的人，补偿他们因保安林的指定通常受到的损失。根据《森林法》第36条第1款的规定，补偿金可以让因保安林的指定而受益的地方公共团体及其他人在他们受益的限度内负担。

第二章　现代行政法意义上的城市空间利益

　　以《森林法》为例提出的凝集利益，自然是以法律规定为依据，是从法律实证主义的角度设想的法律概念，其存在基础就是客观法。所以，仲野武志也强调了凝集利益不同于亘理格提出的共同利益。其一，共同利益是社会学上的概念，而凝集利益是法律概念。其二，共同利益可以分解为各个成员享有，凝集利益则不能分解。其三，在共同利益理论中共同利益如何成为法律上的概念并不明确，而凝集利益的实证根据就是客观法，不依赖于土地所有权者等个别主体的自主意志。其四，对共同利益的诉讼上的保护，要么是通过扩张解释使共同利益享有者获得原告资格，要么是通过团体诉讼，而凝集利益则是直接由行政诉讼所保护，正如原《森林法》规定的那样。[1]

　　仲野武志在论述凝集利益与行政诉讼原告资格的关系时还特别提到了行政程序参与资格的作用。即在行政实体法中参与行政程序的关系人的外延被明确规定时，参与行政程序的关系人同时也具有行政诉讼的原告资格。也就是说，仲野武志提倡以程序参与规定为依据判断行政诉讼的原告资格。[2]但有学者批判，程序规定存在与否是立法的偶然性，以此来左右原告资

---

〔1〕　仲野武志『公権力の行使概念の研究』（有斐閣、2007年）284-289頁。
〔2〕　仲野武志的这种主张在日本判例上也有所体现。1969年7月7日，日本农林水产大臣以航空自卫队设施建设的理由解除了对某森林因为水源涵养而获得的"保安林"指定，附近居民认为该指定解除行为的理由不属于现行《森林法》第26条第2款规定的"公益上的理由"，遂提起请求撤销该指定解除行为的行政诉讼。在该案中，能否以《森林法》第27条、第30条、第32条等程序参与规定为基础承认附近居民的原告资格成为一个争论焦点。本案的控诉审（即日本法院对一审判决不服的上诉案审理）判决对此予以否定，而最高法院1982年9月9日的判决则予以肯定。其理由是，《森林法》的这些规定"把不特定多数人因森林的存续而受到的一定范围的生活利益"视为"应该保护的个人的个别利益"，赋予了这些利益归属者作为"有直接利害关系的人"主张该利益的法律地位。仲野武志认为，最高法院这个判决中提到的"一定范围"的不特定多数人的利益不是特定个人的利益，而是凝集利益。

047

格的有无是不合理的。[1]

在参照《森林法》提出了凝集利益概念之后，仲野武志还分析了日本城市规划法制中的相关程序规定能否解读为凝集利益的依据。如前所述，见上崇洋提倡区域区分、地域地区等城市规划为共通利益的确认提供了制度基础。但仲野武志认为这些规划经常是以跨越多个地区的城市规划区域为单位，是对广域空间的配置。所以，即使日本《城市规划法》第17条规定，在城市规划的编制过程中相关地区的居民及利害关系人可以对规划草案提出意见书，也不能就此认定居民及利害关系人具有凝集利益。不过，仲野武志又指出，例外的是，用途地域（Zoning）内规定的特别用途地区、高度地区、高度利用地区、特例容积率适用地区等地区[2]要适用更为严格的建筑规制，这些用途地域的分界线就可以视为法律上的外延，为土地和建筑物所有者的凝集利益提供了依据。[3]这些凝集利益享有者可以针对规制较为严格的城市规划以及依据该规划的行政行为提起行政诉讼。

（四）集合性利益理论的比较

上述三种集合性利益理论中，虽然只有见上崇洋的共通利益理论是特别针对城市地域空间的，但亘理格和仲野武志在阐述各自的集合性利益理论时也特别列举了与城市空间相关的利益与制度。从内容上看，这三种理论都涉及集合性利益的定性与存在基础、诉讼法上的保护（特别是原告资格）等问题，从

---

[1] 阿部泰隆『行政訴訟要件論——包括的・実効的行政救済のための解釈論』（弘文堂、2003年）44頁。

[2] 参见日本《城市规划法》第9条，详细介绍可参见肖军：《日本城市规划法研究》，上海社会科学院出版社2020年版，第36~43页。

[3] 仲野武志『公権力の行使概念の研究』（有斐閣、2007年）301頁。

第二章 现代行政法意义上的城市空间利益

表2中可以探见它们在具体观点上的异同。进一步而言，亘理格虽然没有将共同利益界定为一个法律概念，但也构想了保障共同利益的事前程序参与、团体诉讼等具体法律制度。而见上崇洋和仲野武志都把自己构建的集合性利益作为一个法律概念，并以城市规划制度为例论证集合性利益的存在基础。不同的是，仲野武志的凝集利益理论倾向于把分配狭域空间利益、规制较为严格的城市规划确定为集合性利益的制度依据。此外，这三种理论都关注城市空间利益在日本现有的判例理论下原告资格受限的问题，可以说具有大致相同的问题意识，但它们对如何解决这个问题持不同的观点。

表2　日本集合性利益理论的主要观点

集合性利益理论	定性	存在基础	与行政诉讼原告资格的关系
亘理格的共同利益理论	社会学概念	社会现实状态+制度保障（事前程序参与、团体诉讼制度）	共同利益≠原告资格
见上崇洋的共通利益理论	法律概念	物理基础（土地的公共性）+制度基础（以城市规划为代表的行政规划）	共通利益=原告资格
仲野武志的凝集利益理论	法律概念	客观法（规制较为严格的城市规划等制度）	凝集利益=原告资格

亘理格的共同利益理论并不是主张"共同利益＝原告资格"，而是按照日本判例理论中行政诉讼原告资格的判断标准，提出共同利益如何符合个别保护要件的法律解释理论。城市空间的特性决定了立法通常是以客观性的数值与基准调整、分配城市空间秩序，这使城市空间秩序的法规范具有客观法的性质。

而无论是民事诉讼还是行政诉讼，原则上是以保护主观性权利为对象，个别保护要件实质就是对主观性权利的要求。所以，当亘理格的上述观点适用于环境利益、景观利益等城市空间利益时，实际上就是"客观法秩序的主观化"。与之不同的是，见上崇洋和仲野武志则分别将共通利益和凝集利益直接与原告资格挂钩。这样的不同，究其原因，可以说是在于对集合性利益的定性与存在基础的不同认识。亘理格主张的共同利益是一种社会学上的概念，是依赖于社会现实状态的利益。而且亘理格虽然强调对共同利益的制度保障，但没有明确共同利益在制度上如何确定。这样的定性使共同利益的范围较广，如果直接将这样的共同利益与原告资格挂钩，那么原告资格就有过于宽泛之嫌。而见上崇洋和仲野武志各自将共通利益和凝集利益作为法律概念，明确了行政规划制度或者客观法对相应集合性利益的确定作用。因此，在他们看来，依存于客观法秩序的集合性利益的享有者，可以直接针对侵害集合性利益的行政行为（包括城市规划）提起行政诉讼。

三、我国行政法语境下的城市空间利益

通过前文的分析我们可以推导出，在日本的相关研究中，作为集合性利益的城市空间利益不仅在城市法理论中有一个整体定位，还在行政法学的集合性利益理论中有具体的制度设计。接下来，笔者将借鉴这个模式探究如何在我国行政法尤其是城市行政法语境下构建城市空间利益概念。

（一）城市空间利益的整体定位：公法权利视角下的集合性利益

如前所述，日本的城市法理论是在抛弃仅以土地财产权的

视角研究城市问题的思维定式,承认城市空间、城市空间利益法律地位的基础上展开的。而且,日本的城市法律体系也是以城市空间的法律结构为中心建立起来的。我国尚未形成系统的城市法学研究和城市法律体系,除了城市的主体性法律地位尚未确立之外,也与行政学者们长期以来热衷从财产权的角度把握与分析城市问题有莫大关系。一方面表现在以行政主体—行政相对人的二面关系为主要研究对象,在城市拆迁与征收问题上特别重视对房屋所有权人的财产权保护研究;[1]另一方面表现在把城市发展带来的环境权、景观权等新型权益也视为与财产权相关的问题。[2]然而,任何有关城市发展及其规制的构想都必须立基于城市受限于特定的空间形态这一既有事实。因此,当我们构想城市法的基本制度时,必须从空间的角度加以考量。[3]其实,我国行政法学界已不乏以城市空间(尤其是地下空间)为对象的规制研究,但这种研究大多仍是以一种私法权利视角把握城市空间利益的财产权属性。

所以,在我国的行政法语境下要从整体上确立城市空间利益的法律地位,应当挣脱财产权研究的束缚,从城市空间的本质把握城市空间利益的公法权利属性。城市空间虽然有赖于土地这一物理基础,但从本质上来说还是人们有意识、有目的形成与创造的对象,进而成为人们共同生活的场所。城市空间的

---

[1] 例如,中国法学会行政法学研究会2007年年会主题为"财产权保护与行政法",其中一个单元的主题为"征收征用中的财产权保护"。

[2] 参见朱谦:《环境权问题:一种新的探讨路径》,载《法律科学(西北政法学院学报)》2004年第5期,第100~102页;吕忠梅:《沟通与协调之途——论公民环境权的民法保护》,中国人民大学出版社2005年版,第111~113页;等等。

[3] 许小亮:《都市中国语境下都市法体系的构想》,载《法学》2015年第6期,第113页。

这种特性决定了公法规范在城市空间秩序的形成与管理中应当发挥主导作用,也使城市行政作为一种有别于传统行政的积极行政的征象愈加明显。在我国的城市发展中,作为共同场所的城市空间除了城市道路、公园等公共设施所形成的城市公共空间之外,还应当包括以住宅小区为代表的集合式住宅所形成的社区公共空间。[1]根据我国《民法典》第274条[2]的规定,住宅小区内属于业主共有的道路、绿地等公共场所和公用设施,就属于这样的社区公共空间。而且该条规定还把这样的空间与城市的公共道路、公共绿地区分开来,可以说从法律层面对城市共同空间进行了一定的划分。即使《民法典》这样的私法规范对城市空间或者说城市空间权进行了相应的划分,特别是该法第345条规定"建设用地使用权可以在土地的地表、地上或者地下分别设立",但对城市空间的开发建设等行为以及因此产生的城市空间利益的取得与利用,还是有赖于规划法规、建筑法规等公法规范的规定。[3]可以说,城市空间的独特性也决定了构建系统的城市法学研究与城市法律体系的必要性。

---

〔1〕 中共中央、国务院在2016年2月6日颁布的《关于进一步加强城市规划建设管理工作的若干意见》中规定,"原则上不再建设封闭小区,已建成的住宅小区和单位大院要逐步打开",可以预见的是,今后社区公共空间会逐渐向城市公共空间发展。

〔2〕 我国《民法典》第274条规定:"建筑区划内的道路,属于业主共有,但是属于城镇公共道路的除外。建筑区划内的绿地,属于业主共有,但是属于城镇公共绿地或者明示属于个人的除外。建筑区划内的其他公共场所、公用设施和物业服务用房,属于业主共有。"

〔3〕 目前,我国专门以城市空间为对象的法律法规主要是针对城市地下空间的,例如原建设部于1997年制定的《城市地下空间开发利用管理规定》(已被修改)。而特别以城市公共空间为对象的法律法规包括成都市人民政府于2001年制定的《成都市建设项目公共空间规划管理暂行办法》(已失效),以及陕西省人大常委会于2013年制定的《陕西省城市公共空间管理条例》,后者将城市公共空间界定为"城市规划区域内向社会公众开放、供公共使用和活动的场所,包括道路、公园、广场、绿地、体育场地、公共停车场、公共交通换乘站、城市滨水区域等"。

共同的城市空间亦决定了因一定地域空间的开发、改造等行为所产生的多数人利益的集合性和共同性,所以这样的城市空间利益主要受公法规范调整,作为一种集合性利益,从根本上是有异于私人排他地享有的财产权的。集合性的城市空间利益不仅表现为利益共同体的存在,还经常表现为利益的多样性。在一个共同的城市空间内,与空间相关的利害关系不仅包括对土地财产权的侵害与规制、在土地之上实施经营活动的规制与保护,也包括对居住环境、景观的维护,这些多样且性质不同的利益不仅会同时存在,也会成为相关利害关系人共同主张或享受的利益。

(二)城市空间利益的具体制度设计

从整体上为城市空间利益确定了权利属性之后,还须解决城市空间利益在行政法制度上如何体现以及如何保障的问题。对此,笔者认为首先应当将集合性的城市空间利益视为一个法律概念,而非社会学上的概念,从法律上为城市空间利益的集合性设定一个明确的范围。参照前述日本学者对集合性利益的制度构想,可以从以下几个方面考察如何在我国的行政法制度中界定及保障城市空间利益。

1. 城市空间利益的制度依据:城市规划制度

在当今社会,城市规划对城市空间秩序的形成、对城市空间资源的配置等作用已经得到普遍承认,作为典型的行政规划,其最为重要的特征性要素在于目标设定性和手段综合性。[1]根据前文所述,见上崇洋主张城市规划可以为作为共通利益的城市空间利益提供制度基础,不仅因为城市规划可以划定城市空间利益的地域范围,还因为立法上规定的编制城市规划的目的

---

[1] 朱芒、陈越峰主编:《现代法中的城市规划——都市法研究初步》(上卷),法律出版社2012年版,第6~7页。

与基准可以为城市空间利益的实体内容设定相应的水准,其实指向的就是城市规划的目标设定性。城市规划的目标通常设定的是在一定空间的地域范围内所要实现的实体利益与价值。根据规划设定的空间范围大小,规划的层次以及设定规制的程度也有所不同。那么,是不是所有的城市规划均适合作为集合性城市空间利益的制度依据呢?对此,仲野武志将配置广域空间的城市规划排除在外,认为设定更加严格规制的城市规划才可以为集合性的城市空间利益划定地域范围。笔者比较倾向于仲野武志的观点,因为一般性的城市规划所覆盖的地域范围较广,可能涉及多元结构的城市空间。集合性的城市空间利益最好是在一元性的共同空间内加以讨论,这样才有利于发现比较明确、具体的实体利益。

我国《城乡规划法》将城市规划区分为总体规划和详细规划两种类型,并规定详细规划包括控制性详细规划和修建性详细规划。《城市、镇控制性详细规划编制审批办法》第11条又规定,编制大城市和特大城市的控制性详细规划可以将建设地区划分为若干规划控制单元,组织编制单元规划。在这些法定的城市规划中,从影响利害关系人权益的程度和范围上来看,单元控制性详细规划更能为集合性的城市空间利益设定具体的规制利益和地域范围,尤其是控制性详细规划在内容上应当包括的"四线"及控制要求。[1]另外,城市总体规划在内容上应当包括的"禁止、限制和适宜建设的地域范围"[2]也有利于从规制地域和规制利益两方面为某个共同空间内的集合性利益提供依据。然而,在目前我国发展较快的都市型发展区域中,行

---

[1] 参见《城市、镇控制性详细规划编制审批办法》第10条第4项。
[2] 参见我国《城乡规划法》第17条第1款。

政部门之间主管的规划相互交叠的现象尤为明显。在这类区域，城乡建设的扩张已打破了传统的城乡二元格局，导致城市与区域相互融合，城市规划、城镇体系规划、区域规划等多种规划类型的边界难以区分。[1]

还需要注意的是，城市规划的目标实现还要通过规划许可等手段对建设行为解除禁止，由此塑造出具体的城市空间形态。抑或可以说，城市规划所指向的城市空间利益在结合以城市规划为基准的行政行为之后才能更加具体地确认并获得具体的规制或保障。我国《城乡规划法》也明确要求办理建设用地和建设工程规划许可须"依据"或者"符合"控制性详细规划。[2]

2. 城市空间利益的制度保障

（1）行政程序参与权。

既然控制性详细规划等城市规划能够为城市空间利益确定一定的地域范围，并通过规划内容确定受到拘束或者保障的实体利益，那么为了保证这种规划的正当性，就应当赋予这些利益相关者参与规划过程的程序性权利。一方面，对城市空间利益的有效保障构成了赋予利害关系人程序参与权的基础；另一方面，相关地域利害关系人通过程序参与对规划内容提出的意见通常涉及共同的、具体的实体利益，从而影响到规划最终确定的集合性利益范围及内容。所以，在规划过程中规划行政部门不仅要为利害关系人提供充分、有效的参与机会，更应当充分考虑他们提出的意见并及时反馈到规划内容中，避免程序参与权流于形式。而且，因为城市空间利益还要通过规划许可等

---

[1] 汪劲柏：《论基于行政法制的国土及城乡空间区划管理体系》，载《城市规划学刊》2008年第5期，第16页。

[2] 参见我国《城乡规划法》第37条第1款、第38条第1款、第40条第2款。

行政行为得到具体的确认和保障,所以程序参与权的赋予不应局限于规划制定过程中,还应当延续至规划许可等规划实施过程中,使利害关系人能够得到持续性、阶段性的程序保障。不过,城市空间利益的集合性可能会因利害关系人独立行使程序参与权导致行政效率低下、表达意见重复等问题,所以当城市规划设定的规制可能影响到多数人的共同利益时,也应当允许这种利益共同体的代表者(包括团体组织)参与到规划过程中。

然而,我国《城乡规划法》对利害关系人程序参与权的保障并不充分。首先,《城乡规划法》只对城乡规划的制定规定了参与程序,没有对建设用地和建设工程规划许可等规划实施行为设定专门的参与程序。[1]其次,该法第 26 条对规划编制的程序参与规定属于一般意义上的公众参与程序规定,尽管第 48 条、第 50 条规定详细规划的修改应当征求、听取利害关系人的意见,但没有设定规划编制机关召开听证会和回复参与者意见的义务,使利害关系者的意见对规划的实质影响非常有限,可能导致规划内容最终指向的城市空间利益更多地代表行政的意志。最后,《城乡规划法》对参与方式的规定中"拟制参与"的规定较多,实质参与的规定较少,与之相关联的是,"规划前、规划中"的参与规定得不充分,事后参与、被动参与的性质显著。[2]另外,《城乡规划法》没有明确团体组织的程序参

---

〔1〕 尽管根据《中华人民共和国行政许可法》(以下简称《行政许可法》)第 46 条、第 47 条,在规划许可阶段利害关系人也有获得程序保障的机会,但规划机关在是否给予程序保障上有很大的裁量权。实践中,规划机关依据第 47 条以相关规划许可不涉及"重大利益"为由,或者依据第 46 条以《城乡规划法》并未对规划许可规定听证程序为由,未给予利害关系人程序参与机会而被诉诸法院的行政案件也并不少见。

〔2〕 葛先园、杨海坤:《我国行政规划中的公众参与制度研究——以〈城乡规划法〉相关规定为中心》,载《法治研究》2013 年第 12 期,第 96 页。

第二章　现代行政法意义上的城市空间利益

与地位。

（2）行政诉讼原告资格。

我国的行政诉讼原告资格判断标准经历了从"法律上利害关系"到"利害关系"的转变，趋向于扩大原告资格的范围。目前，在我国的行政诉讼司法实践中，通常是将集合性的城市空间利益视为相邻权来判断原告资格，尤其是日照、通风、采光等利益。最高人民法院行政审判庭还特别总结了相邻权人具备原告资格的三个条件：一是行政行为通常针对相邻不动产而为，二是相邻权有受到损害的可能性，三是相邻权在特定执法活动中受到行政法的保护。[1]但是，相邻权毕竟是民法上的私权，发生在相邻人物权所支配的空间内，以此来解释由公法确定的城市空间是不合适的。[2]而这样的司法实践也反映了长期以来财产权研究在城市法领域的盛行。

如前所述，见上崇洋和仲野武志主张的集合性利益是基于客观法制度的，并据此直接认定行政诉讼的原告资格。也就是说，可以直接把集合性利益作为判断原告资格标准的一个前提是，集合性利益的存在已为客观法制度确认。其实，此时的集合性利益已被限定在一定的地域范围内，属于比较特定的群体所拥有的比较具体的利益，所以即使根据"利害关系"标准也能够以集合性利益受到行政行为的侵害为由提起行政诉讼。当根据城市规划设定的规制地域和规制内容能够寻求出集合性城

---

[1] 最高人民法院行政审判庭编著：《最高人民法院行政诉讼法司法解释理解与适用》（上），人民法院出版社2018年版，第99页。第二个要件和第三个要件类似于日本法院按照"法律上所保护的利益"标准判断行政诉讼原告资格的不利益要件和保护范围要件。

[2] 陈国栋：《公法权利视角下的城市空间利益争端及其解决》，载《行政法学研究》2018年第2期，第72页。

057

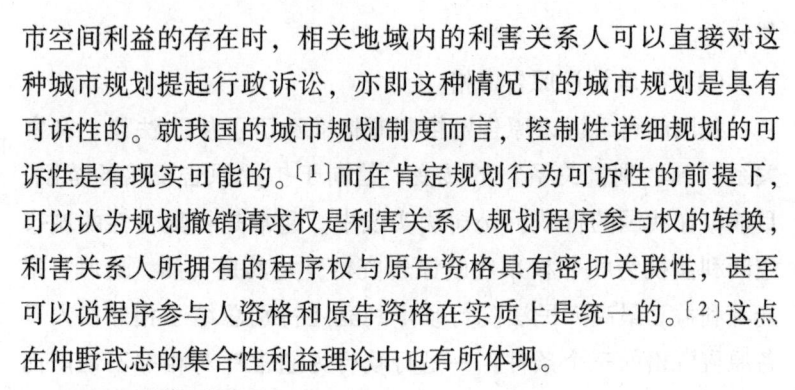

市空间利益的存在时，相关地域内的利害关系人可以直接对这种城市规划提起行政诉讼，亦即这种情况下的城市规划是具有可诉性的。就我国的城市规划制度而言，控制性详细规划的可诉性是有现实可能的。[1]而在肯定规划行为可诉性的前提下，可以认为规划撤销请求权是利害关系人规划程序参与权的转换，利害关系人所拥有的程序权与原告资格具有密切关联性，甚至可以说程序参与人资格和原告资格在实质上是统一的。[2]这点在仲野武志的集合性利益理论中也有所体现。

（3）团体诉讼。

城市空间利益纠纷是涉及一定地域范围内的、具有相同或相似诉求的多数人利益的纠纷，[3]所以往往以共同诉讼的形式展开。而且为了提高司法效率和促进案件的及时审理，在共同诉讼中可以适用诉讼代表人制度。但是，诉讼代表人只能在当事人之中选定，被选定的诉讼代表人也有可能缺乏积极进行交涉和有效实施诉讼的足够能力。此时可以考虑赋予维护当事人集合性利益的团体组织提起行政诉讼的资格。在我国的行政诉讼制度中，"业主委员会对于行政机关作出的涉及业主共有利益的行政行为，可以自己的名义提起诉讼"[4]，这实际上就是对

---

[1] 参见涂云新、秦前红：《城乡规划中的规划变更与权利救济通道——以控制性详细规划为重点的考察》，载《行政法学研究》2014年第2期；兰卓燕：《城市规划变更的可诉性研究》，载《湖南社会科学》2013年第3期；等等。

[2] 李昕：《论行政规划的定性分析与规制、救济》，载《法学杂志》2013年第11期，第30~31页。

[3] 在民事诉讼领域也出现了多数人共同利益的纠纷，具备这种特征的民事诉讼被称为现代型民事诉讼。参见肖建国：《现代型民事诉讼的结构和功能》，载《政法论坛》2008年第1期；陈贤贵：《现代型诉讼与当事人适格理论的新发展》，载《河北法学》2012年第9期；等等。

[4] 参见《最高人民法院关于适用〈中华人民共和国行政诉讼法〉的解释》第18条第1款。

第二章 现代行政法意义上的城市空间利益

在社区公共空间形成的集合性利益提供保障的团体诉讼。虽然这一起诉维护的是业主的共有利益，但是业主委员会并非业主简单的集合，而是依法维护业主权益的自治性组织，故有独立的起诉权。[1]然而，在城市公共空间形成的集合性利益保障上，我国的行政诉讼制度还未认可团体诉讼，理论上争议颇多的是环保组织为维护环境提起的团体诉讼，经常被作为环境公益行政诉讼问题看待。

纵观各国的环境公益行政诉讼制度与实践，既有通过特别立法，也有通过原告资格判断标准的扩大解释来承认环保团体的原告资格。[2]其中，德国通过特别立法——《环境权利救济法》确立环境团体诉讼制度的做法颇受关注。为了防止环境团体诉讼出现"滥诉"的现象，该法对环保团体的原告资格设置了一定的要件，包括环保团体资格受到认可、被诉行政行为具有违法性、环保团体的法定参与权受到侵害、环保团体曾积极参与行政决策过程。[3]在这样的要件中，后两个要件是以完善环保团体的事前参与程序制度为基础，建立了环保团体的程序参与权与原告资格之间的密切联系，确立了行政程序与团体诉讼的一体性、连续性。我国的民事公益诉讼制度已通过《中华人民共和国民事诉讼法》（以下简称《民事诉讼法》）明确了环保团体等组织的原告资格，《中华人民共和国环境保护法》（以下简称《环境保护法》）不仅对提起公益诉讼的环保团体的组

---

[1] 最高人民法院行政审判庭编著：《最高人民法院行政诉讼法司法解释理解与适用》（上），人民法院出版社2018年版，第127页。

[2] 参见 [日] 大久保规子：《环境公益诉讼与行政诉讼的原告适格——欧盟各国的发展情况》，汝思思译，载《交大法学》2015年第4期，第15~26页。

[3] 章楚加：《德国环境团体诉讼权能演变之解析》，载《南京大学学报（哲学·人文科学·社会科学）》2018年第4期，第67~68页。

织资格进行了限定（第58条），也明确了团体组织获取环境信息、参与和监督环境保护的权利（第53条）。未来在《中华人民共和国行政诉讼法》（以下简称《行政诉讼法》）的修订或司法解释中明确环保团体等组织的原告资格时，也可以结合我国对团体组织程序参与权的保障制度加以考虑。

本章小结

现代社会的城市化高度发展使城市空间利益作为一种集合性利益的特征愈加明显，我国尚缺乏系统的城市法研究，亟待我们从行政法的角度构建城市空间利益的概念。用一句话加以归纳的话，现代行政法意义上的城市空间利益，是一定地域范围内的人们在共同的城市生活空间内能够作为一个集合体共同主张或享受的利益。在我国行政法语境下要确立具有集合性利益性质的城市空间利益概念，首先要改变以财产权为视角研究城市问题的固有观念，树立以人们共同生活的空间为视角的城市法研究观，进而把城市空间利益的权利属性确立为公法权利视角下的集合性利益。在城市空间利益的具体制度设计上，一方面，我们可以从城市规划设定规制地域的范围和规制内容的程度这两个方面确定某个地域内的集合性城市空间利益，从而奠定城市空间利益在行政法制度上的基础；另一方面，当城市空间利益能够寻求到制度依据时，应当赋予相关地域内的利害关系人以及维护城市空间利益的团体组织在事前行政程序中的充分参与权以及提起行政诉讼的原告资格。城市空间利益的法律保障还应当回归到城市法体系之中，从整体上提炼出保障城市空间利益的制度构造，在此基础上考察城市空间利益的具体分配制度与实践。这也是在空间视角下研究城市法问题的必经之路。

第三章

空间视域下城市法体系的构筑

　　法治是城市治理的基本手段和保障。当代中国的法律变迁就是在城市化的背景下展开的，城市化演进的不同阶段也对应了中国城市与法律不同的关系面貌。法律与城市，是一个值得认真对待的时代课题。[1]面对城市化背景下复杂多样的城市问题，城市的法律制度与法律秩序如何构建与完善是中国法学界不得不深思的问题。于是，"城市法"或者"都市法"的概念逐渐被引入法学体系之中，用来诠释"当代中国社会中一种正在崛起的法律现象"[2]。那么，应当以哪些要素和内容构筑城市法体系呢？既有研究从规划、环境、交通、住房等方面讨论了城市法的具体问题，总体上呈现较为分散化的研究态势。即使存在个别的整体性研究，但还是缺乏一种能够抓住城市化及城市问题最基本特征的研究视角。鉴于城市空间对城市治理的实践意义及其蕴含的法治内涵，本章提出在城市空间的语境下构筑我

---

　　[1] 蒋立山：《中国的城市化与法律问题——从制度到秩序》，载北京市社会科学界联合会、北京师范大学编：《科学发展：文化软实力与民族复兴——纪念中华人民共和国成立60周年论文集》（上卷），北京师范大学出版社2009年版，第124页。
　　[2] 喻中：《论当代中国城市法的体系——一个比较法上的考察》，载《社会科学研究》2002年第3期，第90页。

国城市法体系。

一、城市法构建的课题与姿态

城市的运行是构成城市的所有要素之间相互作用与整合、多层次的动态过程。在这种综合性、广泛性的运行机制下，规范城市运行的法律制度也是广泛多样的。从法的形式来看，城市法是与城市运行相关的不同层级的法律规范组成的一整套规则体系。当代中国的城市法从制定主体上来看包括中央政权机关对城市立法权的授权性规定、中央政权机关直接规范城市秩序的具体规定、城市政权机关制定的法律规范、城市各单位制定的内部规则、城市习惯与市场惯例以及城市社区规则等。[1] 问题在于城市法的实质内涵应该如何界定？既有研究提出了城市法的多种面貌，形成了多种意义的城市法概念及相应的制度体系。

（一）多重意义的城市法

1. 城市管理意义上的城市法

城市一经产生，就必须配置管理机制，否则城市无法有序高效地运行。城市化给城市管理带来了许多全新且复杂的难题。改革开放以来，我国的城市规模不断扩大，城市建设水平逐步提高，保障城市健康运行的任务日益繁重，加强和改善城市管理法治化建设的需求日益迫切。在"城市＝城市管理"的命题下，城市管理法的概念应运而生，通常指城市行政组织在对城市的各个系统行使管理权的过程中所涉及的法律规范的总称，主要规范城市管理者行使的管理权力。这个意义上的城市管理

---

[1] 喻中：《论当代中国城市法的体系———个比较法上的考察》，载《社会科学研究》2002年第3期，第90~94页。

第三章 空间视域下城市法体系的构筑

法是怎样的体系构成,可以说是由城市管理的内涵和范围所决定的。城市管理法学的奠基人王毅教授指出,城市管理是"对城市中人们所从事的社会、经济、思想文化等方面活动进行决策、计划、组织、指挥、协调、控制等一系列活动的总和",是"城市的综合管理",包括城市发展与计划管理、城市财政与金融管理、城市税收与物价管理、城市文化教育与体育卫生管理、城市建设管理、城市土地管理、城市环境保护管理、城市民政管理、城市治安管理、城市工商与市场管理、城市工业与城区经济管理、城市交通管理、城市邮政与电信管理等多方面的管理。他还特别将城市管理与城市建设管理区分开来,指出城市建设管理是城市规划、城市市政工程、城市公用事业、城市园林绿化、城市市容环境卫生、城市房地产与建筑业管理的统称,属于城市管理的子系统,但又是相对独立的一种行业综合管理。[1]不同的论者对城市管理与城市管理法体系的范畴有不同的界定,但基本上都将城市规划法、城市交通等基础设施管理法、城市市政建设或者公共服务管理法、城市房地产管理法、城市治安等社会管理法以及城市环境保护与管理法作为城市管理法的重要组成部分。这些是传统的城市管理所涉的重点公共事务,而随着现代城市管理事务的复杂化,城市应急管理法、信息化城市管理法等法律制度也逐渐成为城市管理法的组成部分。[2]

我国的城市化重心正处于从经济发展移向民生质量的新阶

---

[1] 王毅:《城市管理综合执法依据及其法律冲突》,载《吉林师范学院学报》1999年第4期,第22页。王毅教授对城市管理与城市建设管理的区分,亦可参见王毅编著:《城市管理法学》,吉林大学出版社1992年版;王毅:《城市建设管理法学》,吉林大学出版社1995年版。

[2] 参见王丛虎主编:《城市管理法》,中国人民大学出版社2011年版,第3~10章;李同岩主编:《城市管理法学》,大连理工大学出版社2012年版,第2~8章。

段，城市管理也面临着以人为本、推进城市治理体系和治理能力现代化等挑战。为了应对新时代的城市管理或者说城市治理，城市管理体制改革尤其是城市管理执法体制的改革已是势在必行且日益重要。[1]从1997年城市管理综合执法试点[2]到2017年住房和城乡建设部出台《城市管理执法办法》，我国城管执法体制改革也取得了一定的成效。为深入推进城市管理执法体制改革，制定统一的城市管理法典被提上议程。在2013年两会期间，全国政协委员、同济大学教授蔡建国呼吁制定《城市综合管理法》；城市管理专家罗亚蒙教授主持起草《中华人民共和国城市综合管理法（专家建议稿）征求意见稿》，把城市综合管理界定为"城市人民政府对城市、镇、街道基础功能设施和城市公共空间的管理"，并设专章分别规定城市基础功能设施管理、城市公共空间管理、在城市综合管理领域相对集中行政处罚权等内容；[3]王毅教授也主持起草了《中华人民共和国城市管理法（专家建议稿）》，其立法建议已被全国人大列入立法议案。但是，目前国家层面尚未出台城市管理领域的基本法律。

2. 城市组织意义上的城市法

在城市管理体制中，城市公共事务的管理者是不可或缺的。城市政府是城市公共事务的首要管理者，在城市的权力结构中

---

[1] 2015年12月底，我国出台了中央层面首个关于城市执法体制改革和城市管理工作的顶层设计——《中共中央、国务院关于深入推进城市执法体制改革改进城市管理工作的指导意见》。

[2] 1997年5月23日，经国务院法制办《关于在北京市宣武区开展城市管理综合执法试点工作的复函》批准，北京市原宣武区城市管理监察大队成立，成为集中行政处罚权首个试点，1996年《中华人民共和国行政处罚法》中的相对集中行政处罚权制度正式进入实施阶段。

[3] 《中华人民共和国城市综合管理法（专家建议稿）征求意见稿》，载 http://www.hexiechengguan.net/news/show-2633.aspx，最后访问日期：2020年7月23日。

位居核心地位，以一定的行政组织形态行使管理职权，因而城市行政组织法也应当是城市法律制度的重要组成部分。[1]

改革开放以来，我国各城市中以城市政府为中心设立的城市行政组织形态基本一致且较多单一僵化，城市作为执行中央政策的工具，其在法律意义上的独立主体地位被扼杀。因此，有学者提出从行政组织多样化和行政权力自治化两个方面重构城市，并以市民的主体化为价值基础，直面城市权力结构的重新配置和公共自由的形成，进而构造一个"主体化的城市"。[2]这是在"城市＝城市组织"的语境下将城市作为一个组织整体进行行政法意义上的概念化，虽然没有明确提出城市法的概念以及对主体化的城市应当构建怎样的城市法体系，但至少提示了塑造主体化的城市概念是重构行政组织意义上的城市法的基础。

在城市行政组织的构建中，城市社区组织的重要性日益显现和突出。城市社区治理是城市治理的重要组成部分，业主自治组织和在社区基础上构建的城市居民自治组织是一定地域范围内的居民集中行使权利的重要组织保障。《民法典》《物业管理条例》《业主大会和业主委员会指导规则》等形成了业主自治组织即业主大会和业主委员会的规范化运行机制。《中华人民共和国城市居民委员会组织法》是构建城市居民自治组织的法律基础，对发展城市基层民主发挥了较大作用。但是，自1990年该法实施以来，城市居民委员会制度建设面临着许多新情况、

---

[1] 参见王丛虎主编：《城市管理法》，中国人民大学出版社2011年版，第2章"城市行政组织法"。

[2] 张力：《论城市作为一个行政法概念——一种组织法的新视角》，载《行政法学研究》2014年第4期，第93～98页。

新问题,[1]使该法的修改势在必行。民政部在2011年6月就正式启动了修法工作,但至今没有对该法进行多少实质性的修订。因此,有学者主张应当围绕居民委员会的角色重塑确定修法的目标、原则以及完善内容。[2]还有学者针对现行法存在的问题主张另行立法,例如制定《居民自治法》,形成以居民自治权为核心的自治法体系,或者制定适用于城乡社区的《社区自治法》。[3]除了居民自治组织之外,城市治理行政组织的自治化也是发挥公众主体性,推动公众与官僚分享城市空间权力的制度方向。[4]

3. 都市社会意义上的都市法

有学者提出在都市中国的语境下构建都市法体系。首先,将城市与都市区分为不同的概念,指出城市呈现的是在日常生活中可观察和感受到的"物质性实体",而都市是由思想本身所

---

[1] 一是政府部门对城市居委会的实质领导,导致了城市社区治理的行政化,违背居民自治的主旨。二是随着我国城镇化和老龄化快速发展,城市居委会的工作对象发生了深刻变化,居民服务需求日趋多样。三是随着社会转型、企业转制和政府转变职能,城市居委会的工作内容发生了深刻变化,社会管理任务日趋繁重。四是随着改革不断深化和经济快速发展,城市居委会的工作职责发生了深刻变化,维护稳定的责任日趋艰巨。

[2] 石东坡、魏悠然:《论城市社区治理中居民委员会角色的立法重塑——以〈居民委员会组织法〉的修改为指向》,载《浙江工业大学学报(社会科学版)》2015年第4期,第368~371页。

[3] 参见周海源:《论居民自治法律体系的完善——从"权利优于公共组织"之逻辑关系切入》,载《南都学坛(人文社会科学学报)》2015年第1期,第86页;胡承武:《依法治国亟需加强社区自治立法——以〈中华人民共和国城市居民委员会组织法〉为视角》,载《领导科学论坛》2014年第24期,第5页。

[4] 例如,《南京市城市治理条例》将城市治理委员会作为公众实质参与城市治理的行政组织形式,要求其内部构成须有市民代表、社会组织等公众委员且公众委员的比例不低于50%。这被称为是一种"内在于行政权的自治"模式。张力:《论城市作为一个行政法概念——一种组织法的新视角》,载《行政法学研究》2014年第4期,第95~96页。

建构或重构的基于此种物质性实体而发生的"社会生活关系",进而提出我国全面推进城镇化战略的过程中以人本观为基点所塑造的都市中国更多地应呈现为都市社会关系和精神气质的形成,而不能单纯地从"物质"的角度加以理解。在此基础上,在都市中国语境下构建的都市法应当是"以某种都市生活关系和独特的精神气质为语境而形成的自成一体的法律体系"。[1]即从法哲学的角度将都市法上升到现代都市社会所要求的整体性法体系层面。其次,这种视角下的都市法制度构想是从都市立法权的普遍化和都市生活的类型化加以考量的。在这个前提下,都市法体系由促使社会生活关系都市化的四类具体法律制度——都市统计法、都市规划法、都市金融—破产法以及都市环境法构成。都市统计法应以动态性和相对性为其基本指导原则;都市规划法应以都市空间配给之合理与正义以及都市居民身份之统一性认同为其原理;都市金融—破产法应着力考量都市发展的资本支持,并在此基础上酝酿新型破产形态,以应对都市破产后的基本境况;都市环境法则应在可持续发展原理的指导下,强调都市环境的社会属性,在污染控制、绿色空间塑造、能源利用等方面进行基本的制度配给。[2]

都市社会层面的都市法构想还提出了"都市权利"作为一项独立的权利范畴。在都市社会形成的"可控空间"中,人们享有获得、改变和更新都市生活的权利,都市社会构成了这种都市权利的来源。都市权利的本质是集体权利,只有在集体权利的框架下,在都市化过程中被边缘化、贫困化和被剥夺的社

---

[1] 许小亮:《都市中国语境下都市法体系的构想》,载《法学》2015年第6期,第112页。

[2] 许小亮:《都市中国语境下都市法体系的构想》,载《法学》2015年第6期,第113~120页。

会阶层与群体才能拥有改变都市政策或规划的权力与力量，利益的共有性才能充分展现出来，都市居民身份的社会性认可才能充分形成。[1]

4. 灾害防治意义上的城市法

城市化的发展会带动城市居民和城市自身发展各种需求的提高，迫使城市必须不断增加新的功能，聚集各种资源。这个过程会引发城市致灾因子超常规聚集，从而使城市演化成城市灾害的孕灾环境，增加城市的安全隐患。在中国城市化快速发展的背景下，大部分城市由于功能叠加而陷入了无序状态，但现有的城市单灾种法律规范因城市灾害防治能力不足而难以有效减轻由城市功能叠加带来的灾害风险及城市灾害。因此，有学者提出应当出台"专门以提升城市防灾减灾救灾能力为目标的'城市法'"，即"在城市定义、城市设置、城市规模、城市功能及叠加限制、城市规划区、城市建设步骤和建设标准、城市防灾减灾救灾规划、政府城市减灾能力建设、规划实施监督和法律责任等方面专门规范城市灾害能力的法"。这种从城市灾害防治的角度构建的城市法，在制度设计上主张引入"一岗双责""终身负责制"以及"灾害终结报告制度"来提升城市的灾害防治能力。[2]

灾害防治意义上的城市法构想是基于城市的安全风险而提出的。人类的城市发展史表明，安全是一座城市发展的首要基础和底线。然而，伴随着城市化的演变与发展，城市中人口的高度聚集与快速流动、高层建筑物的密集、危险产业的增多等

---

[1] 许小亮：《都市权利的基础与本质》，载《苏州大学学报（哲学社会科学版）》2019年第2期，第63~65、68~69页。

[2] 王建平、李臻：《功能叠加视角下城市减灾能力提升的法治路径》，载《华南师范大学学报（社会科学版）》2020年第4期，第167~178页。

特征使城市面临严峻的安全挑战，城市灾害风险的波及范围不断扩大，极大地威胁着城市的公共安全。2018年1月，中共中央办公厅、国务院办公厅印发了《关于推进城市安全发展的意见》，提出要切实把安全发展作为城市现代文明的重要标志，落实完善城市运行管理及相关方面的安全生产责任制，健全公共安全体系，打造共建共治共享的城市安全社会治理格局。为加强城市安全的源头治理，该意见明确提出要加强体现安全生产区域特点的地方性法规建设，形成完善的城市安全法治体系。我国当前的城市正处于公共安全事件的多发高发期，必须推进城市安全的法治化建设，加快城市安全立法的步伐。

5. 发展意义上的城市法

中国的城市化进程可以说伴随着法律与发展的不断协调适应过程，有学者就将城市化治理视为"法律与发展"的新议题，创建"发展法"的框架来解释并回应城市化经济发展与法律治理在宏观战略上的均衡需要。具体来说，要形成体系化的发展法——"有关发展的法"，应当将良法和善治内涵的均衡发展观融入城市化治理法律的形成中（即"为了发展的法"）；尊重和保护特定文化中的法律传统（即"发展中的法"）；依赖城市化法律正式规范的内在发展（即"作为发展的法"）；仰仗发展主体的多元化和法律权能的均衡化（即"通过发展的法"）。[1] 这种发展法的理论框架与运行体系是为了实现"作为法律价值的发展理念和作为发展动能的法律系统"的协调运转，形成法律与发展的良性互动。在发展法的体系下，针对城市化治理的城市规划法、城市再开发法、土地利用法、住房法

---

[1] 廖奕：《转型中国的城市化治理与发展法体系》，载《北方法学》2016年第4期，第19~32页。

等城市法律规范都属于城市发展法的范畴,可以说是发展意义上的城市法。

发展是硬道理,是城市生命力的源泉。一方面,当前我国城市经济的飞速发展推动了法律的不断变迁与完善,而法律也为城市的发展保驾护航。但另一方面,法律与城市发展之间的不协调现象也较为突出。科学发展观、新发展理念等政策理念否定了片面追求 GDP 增长的发展主义、扩大城乡差距与贫富差距等发展模式,也提出了如何在法律中融入并切实贯彻城市均衡发展的课题。

(二) 比较与评析:回归城市空间语境的城市法

综上而言,我国学者主要立足于城市化的发展特点,同时结合中国城市化的背景从多重的视角来界定和构建城市法。城市化及其产生的城市问题是非常繁杂的,也有必要从不同视角加以审视,并融合多个视角窥视城市化及城市问题的全貌。上述的城市法构想无论从哪个角度和背景来说都有构建城市法的重大意义,也有助于我们综合地把握城市化及城市问题,这是非常值得肯定的。然而,总体上来说,我国当前的城市法研究主要还是以城市问题的分散化、碎片化研究为主,城市法的整体性研究尚处于起步探索阶段。

尽管我国当前的城市法研究呈现了不同面貌的城市法,但大多还是从公法尤其是行政法的层面来探讨城市法的内涵与架构,而且主要都是紧密围绕城市的特质设定城市法的构建语境与目标(参见表3)。在具体的制度构建上,城市管理意义上的城市法、都市社会意义上的都市法以及灾害防治意义上的城市法都有相对明确的制度设计,是侧重规范层面的城市法概念。不过,都市社会意义上的都市法是指向都市社会关系和精神气质的形成，也融入了比较抽象的精神化或者价值化因素，可以说是规范与价值相统一的概念。而行政组织意义上的城市法以及发展意义上的城市法都未提出明确的制度设计，分别以城市的主体化以及法律与发展的良性互动为价值追求，因而是侧重价值层面的城市法概念。

表3　多重意义的城市法研究

城市法的界定	城市法的构建语境	城市法的构建目标	城市法的制度设计
城市管理意义上的城市法	城市＝城市管理	城市管理的法治化	城市规划法、城市基础设施管理法、城市市政建设管理法、城市治安管理法、城市环境管理法等
城市组织意义上的城市法	城市＝城市组织	主体化城市的法治化	根据多样化、自治化的行政组织构建
都市社会意义上的都市法	都市＝都市社会生活	都市社会的法治化	都市统计法、都市规划法、都市金融—破产法、都市环境法
灾害防治意义上的城市法	城市＝城市灾害环境	城市安全的法治化	一岗双责、终身负责制、灾害终结报告制度
发展意义上的城市法	城市＝城市发展	城市均衡发展的法治化	根据法律与发展的良性互动构建

然而，尽管前述的城市法都各有构建的意义，但还是缺乏一种能够抓住城市化及城市问题最基本特征的研究视角，以致缺乏综合把握多重意义的城市法的主线。其实，无论是形式意义上还是实质意义上的城市法，无论是规范层面还是价值层面

的城市法，其概念的形成与制度构建都必须以城市空间为依托，归根结底都是以城市空间为调整或者适用的对象。城市管理意义上的城市法自然要以城市空间为基础，着眼于城市的特殊地域性。[1]从组织法的角度重构城市的主体地位，也是为了推动新的治理空间的生产与构建，为公共权力在国家治理中的有效运行提供相应的地域空间与行政单位，实现地方政府和市民社会之间的权力调整。都市社会意义上的都市法仅从物质层面把握城市的内涵，忽视了城市具有物质空间和社会生活空间的复合属性；而且其也有从空间的角度考察都市社会，从都市自身、国家和全球三个空间维度来分析都市法的特征，[2]并提出都市的公共空间能够为人们提供一种社会性的公民身份，从而形成都市社会。[3]灾害防治意义上的城市法则更是以城市空间中的灾害防治为问题导向，以城市防灾空间的形成与规制为主要内容。发展意义上的城市法以实现城市经济发展与法律治理的均衡化为目标，也脱离不了城市空间的外在发展与内在治理这一主题。总之，城市空间是兼具地域性与组织性、物质性与社会性、场所性与多元性等特征的概念，无论是哪个视角的城市法构建都可以回归到城市空间的语境，城市空间成为综合把握多重意义的城市法的主线。

二、城市空间语境下城市法的定位与制度构造

城市空间是城市问题最直接也是最集中的反映，空间性是

---

[1] 王丛虎主编：《城市管理法》，中国人民大学出版社2011年版，第29页。

[2] 许小亮：《都市中国语境下都市法体系的构想》，载《法学》2015年第6期，第113页。

[3] 许小亮：《都市权利的基础与本质》，载《苏州大学学报（哲学社会科学版）》2019年第2期，第69页。

城市最根本的属性。回归城市空间的语境构建城市法既是对城市治理实践的有力回应，更是将城市作为整体研究对象的理论与制度创新。

（一）面向生活型城市的城市法

城市的产生和发展极大地推动了城市规划学、城市经济学、城市政治学等理论研究的繁荣，各学科对"城市"一词的认识和理解都有所不同。在法学领域中，"城市"的概念至少在以下两个层面是具有法律意义的：一是作为社会经济实体的城市，属于居民共同生活的场所。它在空间范围上表现为与农村地区相对的"城市实体地域"，即"以建成区为核心，并包括与建成区存在紧密社会经济联系，并有一体化倾向的外围地域"。[1]二是行政区划意义上的城市，属于行政活动的实施主体，包括直辖市、地级市和县级市等。它在空间范围上表现为"城市行政地域"抑或"城市型政区"，既包含城市实体地域，也包含镇和乡村的实体地域。[2]我国早期法律文本中的"城市"多属于行政区划意义上的城市，[3]而现行法对"城市"的界定更加多元化，包括城市建成区、城市建制区、城市规划区、城市市区、城市社区甚至还有在一个法条中混用等多种立法方式。[4]除此

---

[1] 戚伟、王开泳：《中国城市行政地域与实体地域的空间差异及优化整合》，载《地理研究》2019年第2期，第209页。

[2] 戚伟、王开泳：《中国城市行政地域与实体地域的空间差异及优化整合》，载《地理研究》2019年第2期，第208~209页。

[3] 1984年《城市规划条例》第2条第1款规定："本条例所称城市，是指国家行政区域划分设立的直辖市、市、镇，以及未设镇的县城。"1989年《城市规划法》第3条第1款规定："本法所称城市，是指国家按行政建制设立的直辖市、市、镇。"2007年《城乡规划法》删除了城市的定义条款，仅对"规划区"进行了界定。

[4] 沈开举、邢昕：《宪法中"城市"的规范含义》，载《甘肃政法学院学报》2018年第5期，第36页。

之外，在党的十九届四中全会明确提出"加快推进市域社会治理现代化"的战略部署之后，"市域"一词也开始频繁出现在各类政策性文件中。从空间范围来看，市域社会治理是国家治理在设区的城市区域范围内的具体实施，覆盖了城市与农村的空间地域，最终指向的是城乡融合发展。

从地理学的角度观察城市的概念不难发现，一方面，行政区划设置与调整直接影响着城市数量、城市地域范围、城市规模等级的统计与变化，另一方面，近年来城市行政地域与实体地域的空间差异愈发明显。[1]这反映在城市法治建设中的问题就是，生活型城市的建设过分依赖于城市政府的管理职能，管理型城市基于城乡一体化忽视了城市的特色发展，难以满足生活型城市的公共空间需求。解决此问题的关键在于，既要注重城市与农村的平等发展，又要立足城市生活的特殊性，发挥人民城市的本色。而"城市＝城市空间"的语境凸显了城市作为承载多种生活功能的公共空间的独特性，强调城市组织与生活空间的彼此互动与紧密衔接。如前所述，城市不是纯粹地表示地理位置与分布的地域概念，还是交织权利与权力的空间秩序。围绕城市空间构建的城市法，就是形成将权利与权力的良性互动视为营造城市公共空间基本脉络的一整套规则体系，进一步而言，需要处理好以下核心问题：

第一，规范行政权对空间秩序的介入。城市空间的塑造离不开行政权力的介入，空间秩序的形成需要权威。城市规划的核心就是通过行政权对土地使用的事前介入，在财产权限制与公共利益维护之间取得平衡。但是，过度、"一刀切"的介入必

---

[1] 参见戚伟、王开泳：《中国城市行政地域与实体地域的空间差异及优化整合》，载《地理研究》2019年第2期，第210~216页。

然导致机械的城市，侵犯到公民的合法权益。随着国有土地有偿使用实践的展开，地方财政成为行政权介入土地利用的重要因素，淡化了权力行使的正当性。生活型城市的构建应关注对政府权力的有效控制，重视居民在城市建设中的实质参与，通过城市权利观念促进居民从城市管理对象向城市治理主体的转变，在共建共治共享中重构行政权介入的正当性与强度。

第二，关注空间利益的多元结构。传统的土地利用规制是一种行政权为了公共利益对土地所有权施加限制的二元关系，因规制而受到保护的地域居民的生命健康、景观环境等利益往往被视为公共利益吸收、消解的内容。但当视野转向空间规制时，应全面考察城市作为公共空间缠绕的多种多样的利益，从法律上把握空间利用者之间的相关关系，进而把一定地域范围内利益相关者的一定利益从抽象公共利益中抽离出来，给予法律上的具体保障。经过公民权利和利益的充分考量，才能实质地把握公共利益的内涵，而不是让公共利益泛化为行政权滥用的名目。不过，空间是相对宽泛的概念，也需要在多层次、多元性的空间类型中具体分析公共利益的结构。

第三，确立城市的主体性地位。城市作为人们聚居的公共空间，相对于依赖土地生产性活动的农村而言具有独特性。生活型城市的构建应当重视城市自身的发展规律，使城市真正成为市民共同体。城市是地方政府的主要载体，向上面对中央，要尊重并保障城市在地方立法和空间规划制定等方面的自我治理能力，形成具有地方特色的城市空间治理体系；向下面对市民，要积极地创建城市行政组织与居民有机结合的组织形态，同时要充分发挥居民委员会作为城市基层自治组织的作用，从而使城市居民实质性地参与到城市治理之中。权力下放到城市、执法下沉到基层的城市治理实践必须有配套的公众参与机制，才能真正拉近城市与居民的距离，提高各方推动城市发展的积极性。[1]

(二) 作为部门行政法的城市法

当代中国处于社会转型期，产生的复杂多样的城市问题为城市法研究提供了面向现实的研究进路，这些现实问题的妥善解决成为城市法研究的首要使命。城市化过程中产生的现实问题交织着多种多样的利益纠纷，融杂了公法和私法共同调整和规范的对象，彰显了城市法作为交叉学科的属性。在我国，城市规划、城市交通、城市土地与房屋等领域是深受行政法学者研究青睐的具体部门，由此产生了作为部门行政法的城市法或者说都市法。[2]目前国内的城市法研究仍是主要以解决现实的城市问题为导向，"以寻求社会治理良策、推动部门行政法制更新为使命"，当属"精耕细作的微观部门行政法学研究"。[3]将复杂的城市行政领域按照一定的要素加以提炼和归纳的话，城市法又能为规制行政法或者秩序行政法、给付行政法、风险行政法等"中观部门行政法"[4]，或者说"中度抽象水准"的行政法学分论[5]提供整合素材。

---

[1] 高秦伟：《城市治理现代化背景下的城市法研究展望》，载《法治社会》2023年第1期，第7页。

[2] 参见宋华琳：《部门行政法与行政法总论的改革——以药品行政领域为例证》，载《当代法学》2010年第2期，第59页；章志远：《部门行政法专论》，法律出版社2017年版，第5章"城市治理行政法"。

[3] 章志远：《部门行政法学研究之三重进路》，载《江苏行政学院学报》2017年第4期，第120~121页。

[4] 章志远：《部门行政法学研究之三重进路》，载《江苏行政学院学报》2017年第4期，第122页。

[5] 宋华琳：《中国行政法学分论研究：体系、课题与立场》，载《安徽大学学报（哲学社会科学版）》2020年第3期，第95页。

第三章 空间视域下城市法体系的构筑

以城市空间为核心构建的城市法,并不是独立的学科,而是对既有行政法体系的丰富,主要以解决城市空间发展不平等、城市空间利益分配失衡等现实问题为导向。这种作为部门行政法的定位也是由城市空间的本质特征所决定的。城市空间的塑造依赖于土地的物质性使用,这使得城市空间受到私法上的财产权规范调整,但私人的土地使用行为也需要公法规范加以一定的限制,如此才能形成安定有序、人人共享的城市空间。在城市空间不断改变与重建的历史过程中,人们多样的空间需要与有限的空间资源之间的巨大矛盾已超过物理形态上的空间矛盾,成为城市空间发展的主要矛盾,这也要求城市空间资源的分配应当是以公法规范为主导的过程。[1]城市空间意义上的城市法自然要以规范控制城市空间权力为内容,这也需要公法规范特别是行政法规范发挥引领性作用。

把城市空间语境下构建的城市法视为部门行政法的研究,不仅是为了解决现实的城市问题,寻求城市空间权利与权力的良性互动,也是为了推动城市治理领域行政法制的创新。城市治理本身就是一种制度的创新,需要改变传统的行政管理法制来适应城市治理的模式。城市空间视域下的城市法研究,已然提出了重新审视现代城市的土地和规划法律制度、[2]构建地下

---

[1] 例如,对于城市违法建筑问题,公法规范和私法规范都发挥着调整作用,但公法管制占据引领性的主导地位,决定了违法建筑是保留还是拆除的法律命运,进而决定了私法对违法建筑的利益及其交易的调整方向,因而私法起到的是配合和因应作用。常鹏翱:《违法建筑的公法管制与私法因应》,载《法学评论》2020年第4期,第79页。

[2] 参见凌维慈:《城市土地国家所有制背景下的正义城市实现路径》,载《浙江学刊》2019年第1期,第14~24页。

空间开发法制体系、[1]加强和完善城市交通决策过程中的公民参与制度[2]等行政法制的改革。除了寻求社会治理之良策的初级使命和推动行政法制之创新的次级使命之外，部门行政法研究还应当以反哺行政法总论体系之更新为终极目标。[3]城市空间语境下的城市法以城市空间权力结构及其影响的城市空间利益为研究对象，将关注合作行政、参与行政、计划行政等行政行为理念，讨论城市组织自治化、都市圈跨区域协同治理等行政组织法话题，探索团体诉讼、公益诉讼等城市空间利益的有效救济机制，这些研究都有助于引发对行政法总论的反思与修正。

（三）城市法的制度构造

城市空间语境下的城市法即有关城市空间分配与治理的法律规范的总称，是把各类复杂的空间要素予以制度上的有序安排。然而，要在纷繁复杂的城市现象中厘清具有法律意义的空间要素，进而较为全面地、体系性地构筑起城市法的制度构造，是颇为艰巨的任务。鉴于我国尚未形成系统的城市法研究，可以参考日本的城市法论著中构建的城市法体系。在日本，主要从行政法的视角界定城市法并梳理城市法体系的代表性论著包括以下三个：

首先是安本典夫的《都市法概说》。安本典夫将都市法视为"围绕城市空间的法"，在继承原田纯孝等人现代城市法理论

---

[1] 参见史浩明：《我国地下空间开发法制体系的反思与完善》，载《苏州大学学报（哲学社会科学版）》2017年第5期，第96~101页。

[2] 参见何玉宏：《空间正义视域下的城市交通路权分配》，载《社会科学家》2019年第12期，第33页。

[3] 参见章志远：《部门行政法学历史使命的三重维度》，载《浙江学刊》2017年第4期，第62~67页。

第三章　空间视域下城市法体系的构筑

（参见本书第二章）的基础上，把都市法定义为"从公共角度有计划地推进并规制城市空间的形成、整备、保持以及管理的法体系的总和"。[1]进一步地，他将都市法体系分解为国土和城市的规划、城市空间的规律、城市空间的形成与整备、城市行政的手法与纠纷解决等部分。

> **安本典夫《都市法概说》目录**
> 序　章　什么是都市法
> **第 1 部分　国土和城市的规划**
> 第 1 章　国土法制与城市法制
> 第 2 章　城市规划法制的展开与构造
> 第 3 章　城市规划决定
> **第 2 部分　城市空间的规律**
> 第 4 章　土地利用规划
> 第 5 章　开发许可制度
> 第 6 章　建筑规制
> 第 7 章　城市景观
> **第 3 部分　城市空间的形成与整备**
> 第 8 章　道路等的建设
> 第 9 章　区划整理与再开发项目
> 第 10 章　住宅法
> **第 4 部分　城市行政的手法与纠纷处理**
> 第 11 章　城市的规则
> 第 12 章　城市行政的构造与手法
> 第 13 章　城市空间纠纷及其解决
> 第 14 章　围绕土地的损失与利益调整

---

[1] 安本典夫『都市法概説（第 2 版）』（法律文化社、2013 年）3 頁。

其次是生田长人的《都市法入门讲义》。[1]生田长人是从总论和各论来构筑城市法体系，不仅呈现了城市法的整体形象，也提示了城市法具体制度的现实问题与解决之道。在总论部分，鉴于城市规划在土地利用规制构造中的核心地位，生田长人又专门详解了城市规划规制的法律制度。

生田长人《都市法入门讲义》目录

第1部分　都市法总论（第1~2章）——都市法的世界、城市的土地利用规制的基本构造

第2部分　城市规划规制（第3~18章）

第1编　城市规划规制总论——城市规划区域制度、广域城市规划

第2编　土地利用的规制——区域区分制度、用途地域制度等

第3编　城市空间的规制——建筑物的规制

第4编　城市基础设施的整备

第5编　详细规划——地区规划制度

第6编　土地利用转换的规制——开发许可制度

第7编　土地利用规制与补偿——城市规划限制与补偿

第3部分　都市法各论（第19~25章）——社区营造与法、景观与法、城市的绿地与法、大城市的再生与法、中心市区的激活与法、城市的废弃物与法、城市的灾害与法

最后是碓井光明的《都市行政法精义》。碓井光明把"关于都市的行政法"统称为都市行政法，提出都市行政法规范的支柱包括规划法、开发项目法、城市设施法以及规制法，[2]在此基础上解说了都市行政法的现行规范体系并展望了都市行政法的未来课题。[3]

---

[1]　生田長人『都市法入門講義』（信山社、2010年）。
[2]　碓井光明『都市行政法精義Ⅰ』（信山社、2013年）8頁、15-34頁。
[3]　碓井光明『都市行政法精義Ⅰ』（信山社、2013年）2-3章、『都市行政法精義Ⅱ』（信山社、2014年）4-6章。

第三章 空间视域下城市法体系的构筑

> **碓井光明《都市行政法精义》目录**
> 第1章 都市行政法的界定
> 第2章 城市规划法、景观法制
> 第3章 市区开发法、城市设施法
> 第4章 建筑规制法
> 第5章 新型社区营造与都市行政法
> 终　章 都市行政法的展开

总体而言，虽然生田长人和碓井光明并没有像安本典夫那样明确从城市空间的视角界定城市法，但都是围绕城市空间的法律构造来构筑城市法体系的。比起生田长人还专门对城市法各论进行的详解，安本典夫和碓井光明主要是对城市法总论的基本构造与新近发展进行了细致的雕琢，对于城市法的各个制度只是描绘了基本特征。不过，安本典夫等人的城市法论著有一个很明显的共通之处，就是都将城市规划法制视为城市法的核心制度，并从两个层面解析城市规划：一个是作为国土空间规划组成部分的城市规划，另一个是以日本《城市规划法》为核心的关于城市自身的规划。在以城市规划为中心的规划法制下辐射的规制法制与开发项目法制，也构成了城市法规范的主要内容，这是安本典夫等人的城市法论著的另一大共通之处。

根据日本的城市规划法制，"规制"与"开发项目"是城市空间塑造的主要手法。"规制"是指对城市空间的物质改变以及在城市空间进行社会经济等活动的规制，"开发项目"是指促进各种社会基础设施建设与完善的开发项目的实施。对应这两种手法，日本《城市规划法》主要设定了两类城市规划：土地利用规划和开发项目规划（也可称之为"事业规划"）。

土地利用规划又细分为区域区分规划和地域地区规划。区域区分是指在城市规划中将城市规划区域区分为促进城市发展建设的地区（城市化地区）与原则上控制城市开发建设活动的地区（城市化调整地区），该制度配合开发许可制度以达到控制城市用地无序扩张的目的。地域地区是指在城市规划中将城市规划区范围内的用地按照规划意图划分为不同的地域、地区或者街区，比较典型的是划分居住、商业、工业等用途的用途地域，类似美国的分区规划（Zoning）制度。对各个用途地域上建设的建筑物进行的规制，就要适用以日本《建筑基准法》为核心的建筑规制法制。除了用途类的地域地区之外，还有景观、业务与交通、防灾、开发项目促进等类别的地域地区，对这些地域地区的规制也要适用相应的个别法。

作为另一类城市规划的开发项目规划是针对道路等城市规划设施整备项目以及以土地区划整理和市区再开发为代表的市区开发项目，这些开发项目统称为"城市规划开发项目"（也可称之为"城市规划事业"）。[1]有可能阻碍这些开发项目施行的建筑物的建筑、大件物品的设置等行为，在取得都道府县知事的许可后才能实施。[2]这些开发项目的具体实施还要适用有关土地取得、环境保护等方面的个别法。

由此，构成日本城市法体系支柱的法律群主要包括以下三类：第一类是有关城市空间规划的法律群，包括《国土形成规划法》《国土利用规划法》《首都圈整备法》《近畿圈整备法》《中部圈开发整备法》《城市规划法》《农业振兴地域整备法》

---

〔1〕参见肖军：《日本城市规划法研究》，上海社会科学院出版社2020年版，第44~51页。

〔2〕在日本，开发项目除了依据城市规划之外，还有依据专项规划的。例如，依据《道路整备措施紧急法》的道路整备五年规划、依据《社会资本整备重点规划法》的社会资本整备重点规划。

《森林法》《自然公园法》《自然环境保护法》，等等。这些法律共同形成了日本多纵多横的国土空间规划体系，包括全国与广域地区层级的国土形成规划；全国、都道府县、市町村层级的国土利用规划；都道府县层级的土地利用基本规划，划定城市、农业、森林、自然公园、自然环境保护区等五类地域；以市町村层级为主的、适用于这五类地域的单项规划，以城市规划为典型。

第二类是规制不同类别地域地区的个别法律群。例如，用途与利用密度类别的《建筑基准法》等法律，景观类别的《景观法》《古都历史风土保护的特别措施法》《明日香村历史风土保护与生活环境改善等的措施法》《文化财保护法》《城市绿地保护法》《生产绿地法》等法律，防灾类别的《特定机场周边飞机噪声对策特别措施法》《关于促进密集市区中防灾街区整备的法律》等法律，开发项目促进类别的《城市再生特别措施法》等法律。

第三类是有关城市开发更新项目实施的个别法律群。例如，《土地区划整理法》《城市再开发法》《新住宅市区开发法》《新城市基础整备法》《流通业务市区整备法》《停车场法》《道路法》《城市公园法》《河流法》《土地征收征用法》《环境影响评价法》《废弃物处理清扫法》等法律。此外，因为日本实施地方自治制度，地方层面对城市空间的塑造也是非常重要的，安本典夫等人的城市法论著也关注了社区营造条例创设的城市行政手法。

三、我国城市法体系的构筑

借鉴日本的城市法构造并结合我国的本土情境，可以以规划法制、开发与更新法制、规制与给付法制、纷争解决法制为主体构筑我国城市法体系。这几类法律制度都可以各成体系、相对独立，但又彼此之间紧密关联。

(一) 城市空间规划法制

规划是形成空间秩序的起点。城市空间规划法制是以《城乡规划法》为核心,有关城市规划编制、修订以及实施的法律规范的总称。不过,城市空间的规划不仅仅是对城市地域内土地利用和建筑物建设的物质空间形态规划,"随着理论上空间的社会意义被认知和实践中空间与非空间因素的相互作用在各种尺度上均日益普遍而复杂,空间规划逐渐被意识到是经济、社会、文化、生态等政策的地理表达,应具有多尺度、综合性的特征和相应的规划体系。"[1] 城市是国土空间的组成部分,城市空间规划不得不在国土空间的规划体系中加以审视。长久以来,我国在《宪法》《城乡规划法》《土地管理法》《环境保护法》等一系列法律法规下形成了表现形式多样、种类繁多的国土空间规划体系。其中,国民经济发展规划、城乡规划、土地利用总体规划这三大规划系列是国土空间规划体系的主体,生态环境规划、基础设施规划等规划系列相对独立发展。然而,这样的空间规划体系已经暴露出明显的弊端。

其一,规划背后的部门利益分割。我国的国土空间规划系列在国家发展改革部门、原国土资源部门、城乡建设部门、原环境保护部门、交通运输部门等不同部门主管下自成体系,形成条块分割管理体制,各部门争相编制自己的规划,忽视了与其他部门规划之间的协调性,常常出现规划"打架"的现象。其二,规划内部的层次较混乱。我国的国土空间规划体系错综复杂,不仅多个规划系列并存,每个规划系列之下还有不同层级、不同深度的具体规划类型(总体规划、详细规划、专项规

---

[1] 王向东、刘卫东:《中国空间规划体系:现状、问题与重构》,载《经济地理》2012年第5期,第7页。

划、近期建设规划等），这导致规划之间的层次关系并不清晰，在规划实践中不同规划之间内容交叉重叠甚至越位的问题较为突出。其三，规划建设的法治化滞后。我国庞杂的国土空间规划体系中既有法定规划也有非法定规划，但在相关政策文件下部分非法定规划的地位颇高，却没有牢固的法律基础，典型的就是主体功能区规划。[1]"严格地讲，主体功能区规划的编制与实施尚处于无法可依的状态。"[2]同样地位颇高的国民经济发展规划虽然有一定的宪法依据，却没有专门的法律加以明确规定。而即使是城乡规划这样法律基础坚实的法定规划，规划编制与实施的相关法律制度也有待完善。其四，规划体系的整体发展不平衡。这主要表现在作为规划体系基础的详细规划发展不牢固、跨行政区的区域规划发展较弱、三大主体规划的内容没有关注空间因素和非空间因素的平衡。[3]

要解决这些问题，必须遵循的基本思路就是依法重构我国的空间规划体系，加强空间规划的法治化建设。对此，目前的"多规合一"改革却是规划体系和规划管理体系的改革先行，法

---

[1] 2007年《国务院关于编制全国主体功能区规划的意见》（已失效）明确了主体功能区规划作为其他空间规划基本依据的战略性、引领性地位；2010年国务院印发了《全国主体功能区规划》，推动各地组织编制省级主体功能区规划；党的十八届三中全会明确坚定不移实施主体功能区制度等，在党中央和国务院的战略部署下主体功能区规划在构建国家空间治理体系中发挥着关键性作用。然而，虽然主体功能区规划被设想为统筹土地利用规划、城乡规划等各类空间规划的规划，但在实践中由于没有考虑到地方发展的利益诉求，特别是主体功能区规划在地方政府层面没有配套的行政许可，使得其在土地利用规划与城乡规划两大既有系统的冲突中，只能作为发展改革系统内部的"鸡肋规划"。赵燕菁：《城规、土规与主体功能区——国家视角的国土空间规划》，载《北京规划建设》2020年第3期，第155页。

[2] 宋彪：《主体功能区规划的法律问题研究》，载《中州学刊》2016年第12期，第43页。

[3] 王向东、刘卫东：《中国空间规划体系：现状、问题与重构》，载《经济地理》2012年第5期，第11~12页。

律体系的改革在后。规划体系的改革是依据2014年国家发展和改革委员会、国土资源部、环境保护部、住房和城乡建设部联合下发的《关于开展市县"多规合一"试点工作的通知》以及2017年中共中央办公厅和国务院办公厅联合印发的《省级空间规划试点方案》，先后在市县级和省级开展的"多规合一"改革试点。规划管理体系的改革是以2018年国务院机构改革中组建的自然资源部为代表，让自然资源部承担原国土资源部的职能，负责建立国土空间规划体系。规划法律体系的改革则是依据2019年5月中共中央和国务院联合发布的《关于建立国土空间规划体系并监督实施的若干意见》。该意见明确提出，研究制定国土空间开发保护法，加快国土空间规划相关法律法规建设。梳理与国土空间规划相关的现行法律法规和部门规章，对"多规合一"改革涉及突破现行法律法规规定的内容和条款，按程序报批，取得授权后施行，并做好过渡时期的法律法规衔接。完善适应主体功能区要求的配套政策，保障国土空间规划有效实施。而首先做出法律回应的是2019年8月《土地管理法》的修正，新增了国土空间规划的规定。[1]为了与该修改匹配，2021年修订的《中华人民共和国土地管理法实施条例》（以下简称《土地管理法实施条例》）设专章"国土空间规划"，取代了旧实施条例中的土地利用总体规划。此外，自然资源部已研究起草《国土空间开发保护法》，并配合全国人大有关专门委员会做好《国土空间规划法》等立法工作。

---

[1] 我国《土地管理法》第18条规定："国家建立国土空间规划体系。编制国土空间规划应当坚持生态优先，绿色、可持续发展，科学有序统筹安排生态、农业、城镇等功能空间，优化国土空间结构和布局，提升国土空间开发、保护的质量和效率。经依法批准的国土空间规划是各类开发、保护、建设活动的基本依据。已经编制国土空间规划的，不再编制土地利用总体规划和城乡规划。"

第三章 空间视域下城市法体系的构筑

国土空间规划的构造应当"法律顶层设计以为始,机制管理衔接以为渡,规划具体施行以为终",形成空间规划法律体系—空间规划管理体系—空间规划体系的三元递进关系,让空间规划法律体系引领空间规划体系与管理体系。[1]虽然我国国土空间规划法律体系的改革已取得一定的成果,但仍然处于刚刚起步的阶段,远远滞后于规划体系和规划管理体系的改革。在缺乏空间规划法律体系的引领和支撑的背景下,"多规合一"的实践也难以充分发挥作用。以何种立法模式构建我国的空间规划法律体系,可谓众说纷纭。从我国目前的国土空间规划立法动态来看,立法者采取的是单独立法的模式,即制定独立的《国土空间规划法》,同时修改《土地管理法》等现行法律法规来契合"多规合一"的改革。但这样一来的话,在建立并实施国土空间规划制度之后,现行《土地管理法》《城乡规划法》等法律法规中编制土地利用总体规划和城乡规划的法律规定似乎已没有适用的余地,就要大幅修改相关法律法规。"多规合一"背景下的空间规划立法不仅加大立法成本的问题,据此编制的大一统的国土空间规划也要受限于各部门的协调能力和规划编制技术。"多规合一"实质上是针对规划之间的重叠交叉与层次混乱等问题,追求的应该是协调统一的空间规划体系,而不是形式上的多规拼接。[2]因此,在《国土空间规划法》的立法背景

---

[1] 王操:《"多规合一"视阈下我国空间规划的立法构想》,载《甘肃政法学院学报》2019年第6期,第133页。
[2] 实际上,某些地方的"多规合一"改革就是在原有的规划系列下编制上位的空间战略规划,从而实现协调性的"多规合一"。例如,《厦门经济特区多规合一管理若干规定》第2条第1款规定:"本规定所称多规合一,是指建立以空间战略规划为统领,协调国民经济和社会发展规划、城市总体规划、土地利用总体规划、环境保护规划等涉及空间的规划,构建业务协同和建设项目审批信息管理的平台,完善建设项目的生成与审批制度,实现城市治理体系和治理能力现代化的制度安排。"

下，我国的国土空间规划法律体系应以该法为上位基本法，《土地管理法》《城乡规划法》等空间规划法律法规为下位专项法，据此形成以国土空间规划为上位统领规划的科学合理的多规并行体系。[1]

(二) 城市空间开发与更新法制

城市空间的开发与更新是多层次空间规划下的联动机制，关系着空间秩序的具体塑造。"开发与更新"是指以空间规划为前提、促进各种城市基础设施与公共服务设施建设与完善的开发或者更新项目的实施与管理等活动，直接影响城市空间利益的分配与再分配。实践中城市开发建设的项目种类与程序繁多，牵扯的利益关系复杂多样，为城市空间开发与更新的规范化、体系化增加了难度。就城市基础设施的开发与更新来说，就受到《城乡规划法》、《中华人民共和国城市房地产管理法》（以下简称《城市房地产管理法》）、《中华人民共和国招标投标法》、《中华人民共和国政府采购法》、《中华人民共和国安全生产法》（以下简称《安全生产法》）等多部法律调整。其中发挥着内在调整作用的是政策、规划和标准等规范，但它们仅受到组织法和有限的程序法的调控。[2]

2020年党的十九届五中全会通过的《中共中央关于制定国民经济和社会发展第十四个五年规划和二〇三五年远景目标的建议》首次提出实施城市更新行动，2021年国务院政府工作报告也首次提到了城市更新，使得全国掀起了城市更新行动的热潮。除了原建设部制定的《城市地下空间开发利用管理规定》

---

[1] 王操：《"多规合一"视阈下我国空间规划的立法构想》，载《甘肃政法学院学报》2019年第6期，第141页。

[2] 陈越峰：《城市基础设施正当配置的法律构造》，载《当代法学》2022年第2期，第58~61页。

之外，目前国家层面对城市空间开发与更新的立法主要是分散在法律与行政法规之中的原则性规范，地方层面倒是出现了专门针对城市地下空间的开发利用管理与城市更新的单独规范。比较突出的就是将城市开发与更新上升至地方性法规的立法实践，例如《长春市城市地下空间开发利用管理条例》（2021年修正）、《沈阳市城市地下空间开发利用管理条例》（2022年）、《深圳经济特区城市更新条例》（2020年）、《上海市城市更新条例》（2021年）、《辽宁省城市更新条例》（2021年）、《北京市城市更新条例》（2022年）、《郑州市城市更新条例》（2023年）等。地方的这种实践表明我国城市化正走向城市空间集约复合利用与存量提质改造的高质量发展阶段，但从整体而言这方面仍是以政策决策为主导，尚未实现立法与政策的有效衔接。特别是国家层面单行法的缺失造成了空间法律秩序的结构性缺陷，致使地方立法难以突破上位法的障碍，从而普遍对城市空间开发与更新过程中的基础性、关键性与特有问题持模糊与回避的态度。因此，以单行法统筹城市空间的开发与更新，构建城市空间开发与更新的秩序，是城市治理法治化的必然选择。[1]

（三）城市空间规制与给付法制

城市空间的"规制与给付"是伴随城市空间开发利用过程的两大行政手段。为了防止城市的无序扩张、推动城市有序健全的发展，规制行政仍是最基本的城市行政手段，主要涉及土地利用规制与建筑物规制，包括设定各类城市规划区域及相应的开发许可；区分居住区域、商业区域、工业区域等土地用途，

---

[1] 参见史浩明：《我国地下空间开发法制体系的反思与完善》，载《苏州大学学报（哲学社会科学版）》2017年第5期；朱海波：《当前我国城市更新立法问题研究》，载《暨南学报（哲学社会科学版）》2015年第10期；等等。

限制相应区域内建筑物的用途、密度与形态;征收公益项目建设必需的土地、房屋;等等。对城市空间开发利用活动的规制是大多数城市治理法律制度的规范内容,也因而呈现多样化的方式。规制的过程既包括因规划编制、修订产生的规制,也包括开发建设项目过程中的规制以及城市基础设施利用的规制等。据此,规制发挥的作用既有空间秩序的维护与保障,也有空间秩序的具体营造,规制活动会对城市居民的财产、健康安全以及生活环境等权益产生直接或者间接的影响,因而有必要在法治的框架内规范行政机关规制权限的行使。除了散见于空间规划法制与开发更新法制之中的土地利用规制之外,也有专门针对建筑活动的规制。我国目前形成了以《中华人民共和国建筑法》(以下简称《建筑法》)为统领,包括有关建筑活动管理的个别法律法规以及一系列建筑类技术标准[1]的建筑规制法体系。一方面,《建筑法》是以各类房屋的建筑活动为主要适用对象,不能涵盖非房屋类建筑和非施工的建设活动,与《建设工程安全生产管理条例》《建设工程质量管理条例》《建筑工程施工许可管理办法》等下位法的适用对象不相协调。[2]另一方面,《建筑法》以建筑活动的监督管理为核心内容,对建筑活动的技术

---

[1] 2016年以来,住房和城乡建设部陆续印发《关于深化工程建设标准化工作改革的意见》等文件,提出逐步用全文强制性标准取代现行标准中分散的强制性条文的改革任务,逐步形成由法律、行政法规、部门规章中的技术性规定与全文强制性工程建设规范构成的"技术法规"体系。其中,强制性工程建设规范分为工程项目类和通用技术类。工程项目类规范是以工程项目整体为对象,以项目的规模、布局、功能、性能和关键技术措施为主要内容的强制性标准。通用技术类规范是以实现工程建设项目的技术专业为对象,以勘察、设计、施工、维修、养护等通用技术要求为主要内容的强制性标准。

[2] 鉴于《建筑法》适用对象较为狭窄,2021年两会期间全国人大代表戴雅萍提交了《关于将"建筑法"提升为"工程建设法"的议案》。

要求只是笼统规定应当"符合国家的建筑工程安全标准",这种宽泛的技术标准"援引"容易使行政权膨胀。[1]

给付行政是在城市化的推进下城市居民形成了对公共服务的强烈依赖从而致使行政任务多元化的背景下产生的。[2]城市空间治理中的给付行政是对城市空间资源的调节与分配,主要是针对城市空间使用者提供的福利优惠、救助保障或者公共服务,例如我国面向城市中、低收入家庭提供的经济适用房、廉租房、公租房等保障性住房政策。目前"我国保障房的制度规范体现了无法律保留的政策裁量模式"。[3]2008年10月29日《住房保障法》就曾被纳入《十一届全国人大常委会立法规划》,但至今仍未实现国家层面住房保障的顶层设计。除了针对城市弱势群体的空间给付之外,面向一般市民的城市基础设施的建设、提供与维护也是积极塑造空间秩序的给付行政。[4]

(四)城市空间纷争解决法制

现实中,因城市空间的规划、开发与更新等活动引发的纠纷类型繁多,特别是伴随着规制或者给付效果的行政活动很容易引起空间利用者、开发商等利益相关者的抵触。城市空间纷争及其解决主要依据《民事诉讼法》《行政诉讼法》等一般纠

---

[1] 张圆:《论技术标准的法律效力——以〈立法法〉的法规范体系为参照》,载《中国科技论坛》2018年第12期,第117页。实际上,建筑物在用地、构造、设施以及用途方面的最低标准也完全可以由立法机关制定。例如,日本《建筑基准法》第2章和第3章分别从建筑物自身安全性、与城市环境协调的公益性的角度规定了建筑物在用地、构造、设施以及用途等方面的最低标准。

[2] 参见徐键:《行政任务的多元化与行政法的结构性变革》,载《现代法学》2009年第3期,第22~33页。

[3] 凌维慈:《住房政策的任务分化及法律控制》,载《法商研究》2019年第2期,第59页。

[4] 陈越峰:《城市基础设施正当配置的法律构造》,载《当代法学》2022年第2期,第56页。

纷处理制度，而在城市单行法中予以规范的主要是土地权属争议、城乡规划修改的损失补偿以及公益征收的损失补偿等。[1]但鉴于城市空间治理与城市空间利益纠纷的特点，有必要设计相对独特的纷争解决制度。

城市空间治理是一种在对物质空间的开发改造中平衡相互冲突的利益，增进公共福祉的过程，伴随着相当程度的专业技术性裁量。因此，"在涉及空间利益分配这种复杂的集合利益调整方面，行政机关比法院显然更具功能上的优势"。[2]要充分发挥城市行政部门处理空间利益纠纷的专业优势，一是对于因城市空间的利用、分配产生的民事纠纷可以引入行政裁决先行处理制度。目前法律上仅允许土地权属争议等有限的城市空间纷争适用行政裁决。[3]二是重视行政复议化解行政争议的优势，针对不服规划许可提起的行政复议，可以设置专门且相对独立、由专家组成的审查机构。[4]在通过诉讼途径解决城市空间纷争时，司法机关也要围绕原告资格、受案范围、审查方式等做出相匹配的法解释。特别是有关城市规划的司法审查既要尊重规

---

[1] 土地权属争议的解决参见《土地管理法》第14条；城乡规划修改的损失补偿参见《城乡规划法》第50条；公益征收的损失补偿参见《土地管理法》第45~48条、《城市房地产管理法》第6条，以及《国有土地上房屋征收与补偿条例》。

[2] 成协中：《从相邻权到空间利益公平分配权：规划许可诉讼中"合法权益"的内涵扩张》，载《中国法学》2022年第4期，第173页。

[3] 2014年修订之前的《环境保护法》第41条第2款为环境污染损害赔偿纠纷的行政裁决提供了法律依据，2021年修订之前的《土地管理法实施条例》第25条第3款为征地补偿标准争议的行政裁决提供了法律依据，但现行法都删除了相关规定。已废止的《城市房屋拆迁管理条例》把行政裁决引入了城市房屋拆迁中，原建设部还曾于2003年专门出台《城市房屋拆迁行政裁决工作规程》。目前各地开展的城市更新项目正逐步引入行政裁决解决房屋搬迁安置补偿争议。

[4] 日本《城市规划法》中的开发审查会、《建筑基准法》中的建筑审查会就属于针对法定事项、设置于都道府县等内的具有独立性的审查机构。

划部门的专业技术性裁量，又要切实保障公民的合法权益。在原告资格方面，一定程度上承认固定空间内地域居民维护生活环境利益的法的地位；在受案范围方面，不能"一刀切"地把所有的城市规划视为仅产生抽象法律效果的蓝图；在审查方式上，注重对规划裁量判断过程的审查，考量长期规划限制的补偿问题。

本章小结

空间视域下的城市法观念，深刻凸显了城市作为一个汇聚多元生活功能的公共空间的特殊性质，这种特殊性正是生活型城市所独有的魅力与本色。城市，作为人类文明的结晶，不仅承载着居住、工作、休闲等多重功能，更是人们情感、记忆与文化的交汇点。因此，从空间的角度审视城市法，有助于我们更全面地理解城市空间的多元价值，并充分发挥其在促进城市可持续发展中的重要作用。以空间规划、空间开发与更新、空间规制与给付、空间纷争解决为主体的城市法体系，正是基于对城市空间特性的深刻认识而构建的。这一体系紧密贴合城市空间塑造与分配的客观规律，旨在通过法律手段形成空间权利与权力的良性互动，实现城市空间的优化配置和高效利用。在这个体系中，空间不仅是一个物理概念，更是一个法律概念，它承载着各种利益诉求和权力关系。然而，我们必须清醒地认识到，我国当前的城市法规范尚存在诸多不足。这些规范分散在众多的单行法之中，缺乏统一性和系统性，导致在实践中难以形成有效的合力。特别是在规划、开发更新、建筑规制等领域，尚未形成清晰、统一的法体系，这无疑制约了我国城市法的发展和应用。因此，在空间视域下构建我国城市法体系，无疑是一项艰巨而紧迫的任务。

第四章
城市法的基本原则

行政法的基本原则作为统率行政法体系的基础性法则，不仅是行政主体实施行政行为（包括行政立法和行政执法）应当遵守的基本准则，也是法院对行政行为进行合法性审查必须贯彻的内容。作为行政法的分支领域，城市法当然也要适用行政法的基本原则。不过，对于哪些原则可以成为行政法的基本原则这一问题，我国行政法学界还没有形成一致的认识，而是基于不同的研究角度和方法形成了各有差异的基本原则体系。本章之所以研究城市法的基本原则，一是基于现行城市法规范相当分散的特点，通过城市法基本原则整合多样的城市法规范；二是基于城市行政领域对现代行政的影响，揭示城市法在整个行政法体系中的独特地位。事实上，城市法规范在行政法中占据较多数，其分散性与多样性在很大程度上决定了行政法很难法典化。因此，本章提出的城市法基本原则并不是直接套用某一学者构建的行政法基本原则，而是在行政法一般性基本原则的基础上，结合城市法的特色尤其是城市空间秩序的形成与发展给行政法结构产生的影响，确立对城市空间利益的保障具有重大意义的城市法基本原则——依法治理原则、利益均衡原则、公私协作原则以及公众参与原则。

第四章　城市法的基本原则

一、依法治理原则

（一）依法行政与城市治理

依法行政是行政法的基本原则，城市行政领域自然也要遵守依法行政原则，一切城市行政行为应当以法律为依据，受到法律的约束。从我国法治建设的实践来看，"依法治市"与"依法行政"是密不可分的，甚至前者的提出要早于后者。党的十一届三中全会之后，我国一些大中城市相继提出"依法治市"的口号，并以此作为城市管理工作的一项根本目标，依法治市逐渐成为社会主义民主与法治建设的一项重要内容。因依法治市的基本主体是城市政府，依法行政往往被视为依法治市的核心问题。[1]特别是在《行政诉讼法》颁布之后，不少城市从依法行政的角度提出"依法治市"的口号。[2]20世纪八九十年代我国城管执法中出现的"乱处罚、乱收费、乱摊派"问题就是没有法治束缚城管执法权导致的后果。因此，城市行政领域应当坚定不移地推进依法行政，确保城市权力的行使纳入法治的轨道。

我国城市工作正处于从城市管理迈向城市治理的改革与转型期。"治理和管理一字之差，体现的是系统治理、依法治理、源头治理、综合施策。"[3]城市行政依法而为不仅是依法行政原则的必然要求，也是城市治理理念的题中之义。"要强化依法治

---

〔1〕 王陆海、宋焕政：《"依法治市"小议》，载《现代法学》1990年第2期，第65页；李晓安：《依法治市——现代化城市发展的重要管理手段》，载《法学》1992年第8期，第14页。

〔2〕 程干远：《依法治市的理论探讨》，载《城市问题》1992年第2期，第45页。

〔3〕 2014年3月5日，习近平总书记在参加十二届全国人大二次会议上海代表团审议时的讲话。

理，善于运用法治思维和法治方式解决城市治理顽症难题，让法治成为社会共识和基本准则。"[1]在法治的框架下，城市的依法治理是实现城市治理现代化应当秉持的首要原则和理念。一旦脱离法治的轨道，城市的运行和发展就会陷入无序混乱的状态。因此，法律应当为城市治理设定权力行使的依据以及范围，实现"城市治理的权力直接来源于法律""城市治理的权力运用依照法律"，从而为城市的和谐稳定奠定坚实的法治基础。[2]

当然，城市的依法治理，不是片面的城市政府的依法行政，而是依靠法治手段解决城市问题的综合治理。城市的发展包罗各行各业，规范城市空间秩序的法也涉及了公安与交通、环境与卫生、劳动与保险、住房和城建等多个部门。有关城市空间运行的部门行政法共同构成了城市法体系，调控和制约着城市治理的诸多方面。城市法设定多元治理主体的法律地位及其法律关系形式；分配城市治理主体的权利义务；引导城市治理主体参与行政、协同治理，调控着城市治理的过程；规范城市各个领域的基本规则，确认城市治理的治理秩序。[3]在城市空间的开发与使用上，城市法通过规范城市土地使用方式与建筑基准等内容，来公平分配城市空间资源，保障各利益主体的合法权益。城市法不仅仅是对城市物质空间形态的有序布局，更重要的是对空间布局背后的权利与权力之间的相互关系进行的调整，引导各利益主体共同参与空间布局并公平分享空间资源。

---

〔1〕 2020年10月14日，习近平总书记在深圳经济特区建立40周年庆祝大会上的讲话。

〔2〕 夏志强、谭毅：《城市治理体系和治理能力建设的基本逻辑》，载《上海行政学院学报》2017年第5期，第14页。

〔3〕 梁玥：《完善城市社会治理与部门行政法体系》，载《中国社会科学报》2016年11月22日，第5版。

（二）地方立法与城市法治

在城市法治建设中，地方立法为满足城市的实际治理需求提供了制度设计空间，逐渐发挥着引领和推动城市治理现代化的重要作用。根据《中华人民共和国立法法》（以下简称《立法法》）规定的地方立法事项，[1]地方立法可分为执行性立法与创制性立法。创制性立法能够因地制宜、快速回应地方迫切的治理需求，有效弥补中央立法概括性与滞后性的不足。[2] 2015年修正的《立法法》普遍赋予"设区的市"地方立法权，使得设区的市可以通过创制性立法有效解决城市治理中的重点问题。不过，当时《立法法》把设区的市的立法权限范围规定为"城乡建设与管理、环境保护、历史文化保护等方面的事项"。学界普遍认为该立法边界模糊，有必要进一步明确。首先是对于"等方面"是"等内等"还是"等外等"存在争议。全国人大常委会法工委主任李适时对这个问题给予了明确回复，即"从立法原意讲，应该是等内，不宜再作更加宽泛的解释"。[3]其次是对"城乡建设与管理"内涵的理解存在争议。"城乡建设与管理"涉及大量城市行政管理领域的问题，辐射的立法事项最广，甚至可以把环境保护、历史文化保护涵盖其中。[4]此外，

---

[1] 参见我国《立法法》第82条第1款、第93条第2款。

[2] 金黎钢、张丹丹：《论实施性地方法规创制空间及其保障》，载《江淮论坛》2015年第2期，第97~98页。

[3] 李适时：《全面贯彻实施修改后的立法法——在第二十一次全国地方立法研讨会上的总结》，载《中国人大》2015年第21期，第16页。

[4] 在2014年8月31日公布的《中华人民共和国立法法修正案（草案）》中，设区的市的立法权限被表述为"城市建设、市容卫生、环境保护等城市管理方面的事项"，即"城市管理"是"城市建设""环境保护"的上位概念。而在2014年12月29日公布的《中华人民共和国立法法修正案（草案二次审议稿）》中，设区的市的立法权限被修改为"城市建设、城市管理、环境保护等方面的事项"，即"城市管理""城市建设""环境保护"成为并列事项。

还有学者认为以列举方式界定设区的市的立法权限，不能满足地方的立法需求。[1]2023年《立法法》修正时也回应了这个问题，把设区的市的立法权限范围调整为"城乡建设与管理、生态文明建设、历史文化保护、基层治理等方面的事项"。[2]

现行法规定的四类地方立法事项都与城市空间治理密切相关，即使是不甚明确的"城乡建设与管理"也被认为应包括城乡规划、基础设施建设、市政管理等，[3]这些都是以城市公共空间为对象的事项。从地方立法文本来看，"城市管理"类的地方立法既有综合性的立法，也有诸如城市轨道交通管理、城市垃圾分类、城市停车管理、城市绿化等方面的专项立法。拥有地方立法权是城市的重要制度资源和治理手段，优化城市地方立法，就是把法治深入到城市治理之中，是从立法上转变城市发展理念的方式，有利于推进多层次多领域依法治理。[4]然而，目前的地方立法制度与实践尚存在不少制约城市特色发展的因素。例如，省级人大及其常委会对设区的市地方立法的"批准"有可能演变为立法前介入，甚至实质上影响设区的市的发展利益；[5]部分城市地方性法规之间、地方政府规章之间以及地方性法规与政府规章之间重复立法的现象突出，地方立法体系内

---

[1] 参见程庆栋：《论设区的市的立法权：权限范围与权力行使》，载《政治与法律》2015年第8期，第52~61页。

[2] 参见我国《立法法》第81条第1款、第93条第3款。

[3] 参见《第十二届全国人民代表大会法律委员会关于〈中华人民共和国立法法修正案（草案）〉审议结果的报告》，载《中华人民共和国全国人民代表大会常务委员会公报》2015年第2期，第188页。

[4] 郑伟华：《城市治理现代化视域下地方性法规体系的问题及对策》，载《华中师范大学学报（人文社会科学版）》2022年第2期，第23页。

[5] 谢桂山、白利寅：《设区的市地方立法权的制度逻辑、现实困境与法治完善路径》，载《法学论坛》2017年第3期，第40页。

部的协调性与系统性有待进一步提升[1]；等等。

(三) 城市治理的行政手段

城市化的发展推动了公共行政范畴的扩大，促使行政主体要运用多元化的手段才能有效实现行政目标。在城市法领域，规划占据非常重要的地位，除了法律名称包含"规划"的《城乡规划法》之外，大量的城市单行法都提出了规划管理的要求。可以说，"行政的规划化"作为现代行政的特色在城市法中尤为显著，城市法是提供"行政规划法"研究素材的主要领域。[2]除了依据法律的法定规划之外，地方立法也创制出了一些地域性的专项规划类型，例如城市景观风貌规划、生活垃圾分类规划等。城市治理中各类规划的广泛运用，实际上形成了"依规划治理"的现象。要真正发挥各类规划作为城市治理准据的作用，一是要依法编制与实施各类规划；二是要保证各类规划之间的协调性，特别是处理好城市规划与各种专项规划之间的关系；三是规划的目标设定要以人民的需求和城市的可持续发展为导向，使公众对规划产生信赖。

城市法还对城市空间的开发利用设定了许多的行政许可事项。根据《法律、行政法规、国务院决定设定的行政许可事项清单（2023年版）》，涉及城市空间开发利用的行政许可包括建设用地类、建设工程类、特定行为类、资质类等事项。这些行政许可的实施旨在通过行政权的事前介入防止私主体对城市空间的肆意开发，促使城市空间资源得到合理利用。同时，为

---

[1] 郑伟华：《城市治理现代化视域下地方性法规体系的问题及对策》，载《华中师范大学学报（人文社会科学版）》2022年第2期，第24页；龚纪元：《设区的市立法权限划分的实证分析——以成都、杭州和武汉为分析样本》，载冯雷主编：《地方立法与城市法治》（第1辑），四川大学出版社2023年版，第77~84页。

[2] 碓井光明『都市行政法精義Ⅰ』（信山社、2013年）48頁。

了确保这些行政许可得到切实执行，城市法还要通过行政处罚、行政强制等命令性措施纠正违法的开发利用行为，维护城市空间的秩序和稳定。

在传统的命令性措施之外，行政指导、行政契约、行政奖励等非强制性的手段在城市治理中也逐渐得到运用。城市治理体制追求多元治理主体之间相互协调，形成信任与合作的伙伴关系，通过良性的互动，综合运用各种手段处理城市事务。因此，非强制性的柔性行政是城市治理不可缺少的手段。在我国各地的城管实践中，柔性执法已逐渐取代强制执法模式，发展了各种灵活性和多样性的执法手段，呈现以行政指导为代表的常规执法手段、通过签订承诺书或保证书施加诚信压力抑或纳入征信系统的信用机制执法、执法双方默契地"和谐共处"等多重执法面相。但是，城管柔性执法也存在边界模糊和执法违法等实践困境。[1]城市的依法治理，要求柔性行政也必须在法治的框架内进行，行政指导等柔性执法也要在行政机关法定职权范围内实施。

值得注意的是，惯例、规约等软法规则亦是城市治理的重要依据。地域居民之间就特定空间的利用形成并遵守的惯例或规则有时甚至比法定的要求更高，对维护地域空间秩序有重要作用。作为对这种地域性惯例或规则的法定化，日本的《建筑基准法》《景观法》《城市绿地法》等法律规定了协定制度，即允许一定地域范围内土地所有者等当事人之间协商确定该地域内建筑物的建筑等事项。以建筑协定为典型的地域性规则是私主体之间协商订立的，当然具有民法上的契约效力。而法定的

---

[1] 刘福元：《城管柔性执法：非强制框架下的效益考虑与路径选择》，载《中国法学》2018年第3期，第170~179页。

协定在经过行政机关认可后才生效，且生效后的协定不仅约束缔结协定的当事人，还可以约束协定生效后成为相关地域内土地权利者的人，即具有对世效力。虽然我国法律尚没有确立协定制度，但可以考虑在城市法治化程度高的城市积极推行建筑协定，并把城市小区的自治章程与建筑协定结合起来，推动汇聚民意的城市治理。[1]

二、利益均衡原则

(一) 行政法中的均衡原则

公共利益是行政法上的一个基础概念，维护和实现公共利益是公共行政的目标。然而，行政主体在维护和实现公共利益的过程中，公共利益与私人利益以及私人利益之间不可避免地会发生冲突，如何衡量各种利益关系进而解决、协调利益冲突就成为行政法最核心的问题。尤其是在个案中存在多种合法但法律规定不明确或法律出现漏洞而无法消解的利益冲突时，行政主体需要在衡量各种利益关系的基础上行使裁量权以实现个案正义。因此，可以说行政法的本质任务就是利益衡量。[2]利益衡量贯穿于行政立法、行政执法与行政审判的裁量过程中。法国行政法中的均衡原则、德国行政法中的比例原则等都是为了防止行政裁量权的滥用、维护公共利益与私人利益之间的平衡而确立的。"'均衡'之于'行政'，实质上是一个利益衡量

---

〔1〕 肖军：《日本城市规划法研究》，上海社会科学院出版社2020年版，第100~105页。

〔2〕 伍劲松：《论行政执法利益衡量之要素与技术》，载《法学论坛》2010年第3期，第89~90页；戴建华：《行政法上的利益冲突与平衡——通过行政法价值的利益衡量》，载《法学杂志》2011年第7期，第125~126页。

的过程，要求行政得衡量各种利益之间是否成比例。"[1]

公共利益与私人利益的关系是均衡原则调整的最核心的利益关系。传统的公共利益优先原则过于强调公共利益与私人利益的区别和对立，把公共利益的至上性和优先性作为其限制私人利益的理论根据。然而在实践中，公共利益的模糊性致使其经常被利用为牺牲私人利益的工具。在现代行政法上，公共利益仍然是行政法的基本价值基准，但行政任务的广泛性和多元性决定了行政主体必须根据各个领域不同的行政目标协调各个方面的需求，不宜笼统强调公共利益与私人利益单纯的对立关系以及公共利益的绝对优先。"公共利益优先原则的成立，必须以各种利益的均衡和比例原则的适用为前提，必须在对各种权利主张进行充分的分析、考量和尊重的基础上来把握。"[2]在各种利益关系的不断调整与均衡过程中得出的最佳选择抑或共同追求才是真正意义上的公共利益。公共利益与私人利益这种统一与共存的关系构成了"利害调整型行政法"的基础观念。[3]在利害调整型行政法下，利益衡量的结果并不是承认公共利益的绝对优先，而是在充分协调各种利益关系的基础上在尽可能的范围内保护各种合法利益，促使各种利益的最大化与公平分配，从整体上实现公共利益的目的。

现代行政法衡量的利益关系是行政主体、行政相对人、行政第三人之间形成的三方乃至多方利益关系，涉及调整的利益

---

[1] 周佑勇：《行政法基本原则研究》（第2版），法律出版社2019年版，第180页。

[2] 杨建顺：《公共利益辨析与行政法政策学》，载《浙江学刊》2005年第1期，第159页。

[3] 王贵松：《作为利害调整法的行政法》，载《中国法学》2019年第2期，第98~99页。

类型除了公共利益与私人利益之外，还应当包括介于公共利益与私人利益之间的集合性利益。[1]在多元化和复杂化的利益关系中，均衡各方利益的具体准则至少包括平等对待原则、行政比例原则和信赖保护原则。[2]平等对待原则要求行政主体不得对各种利益有恣意的差别对待，要平等地保护各利益主体的不同利益。在平等对待的基础上，行政主体还应当适用行政比例原则和信赖保护原则，综合考量和比较均衡不同利益的价值，尤其是均衡公共利益与其他利益之间的关系。行政比例原则要求行政主体在限制相对人利益的手段与实现公共利益的目的之间进行客观的权衡，从而选择一种对实现公共利益是适当必要的且对相对人利益的损害最小的手段。信赖保护原则的适用则是为了比较衡量相对人的信赖利益与否定原行政行为所保护的公共利益，当前者明显大于后者时行政主体就不得撤销或废止原行政行为；当后者应当优先考虑时，行政主体在给予信赖相对人合理赔偿或补偿的前提下可以否定原行政行为的效力。

（二）城市行政中的利益均衡

城市的发展变迁总是会伴随着错综复杂的利益关系，城市行政须在实现城市健全有序发展的大前提下针对不同领域的行政目标比较衡量各种利益关系。行政法中的利益衡量主要着重调整的是公共利益与私人利益之间以及不同私人利益之间的关系，[3]而在城市法领域，相对一般行政领域而言，城市行政的

---

[1] 王贵松：《作为利害调整法的行政法》，载《中国法学》2019年第2期，第95~96页。

[2] 周佑勇：《行政法基本原则研究》（第2版），法律出版社2019年版，第183页。

[3] 周佑勇：《行政法基本原则研究》（第2版），法律出版社2019年版，第182页。

公共任务更加多元，城市空间形成与控制过程中的利益关系也更加错综复杂。利益均衡原则旨在规范和控制行政裁量权的行使，城市规划、许可、处罚等权限的行使都伴随着广泛的行政裁量。

公共利益有不同的维度与层次，共同生活的城市空间是共同体成员的共享利益，是不同地域空间与不同层次的公共利益有机结合起来的利益，进而产生了"利益衡量的层次性"。城市房屋等私人空间的开发与利用往往是为了追逐生命安全、财产价值、生活质量等私人利益，城市居住小区、商业街等社区公共空间促使了基层社会中利益共同体的汇聚。各个私人空间和社区交织构成一个个街道、街区等区域空间，最终又整合成广域的城市空间。城市整体的有序协调是所有城市居民都追求和向往的公共利益，在这种公共利益与私人利益之间存在一定区域内特定群体对固定空间享有的公共利益。

尽管不同层次的城市空间所追求的公共利益内涵不同，但每个城市空间并不是孤立存在的，城市空间的连接性和包容性要求每个空间秩序的形成与维护应当综合考量其他空间的相关利益取向，此即"利益衡量的包容性"。其一，私人空间和社区空间的资源分配都必须以城市整体空间的有序维持与发展这一公共利益为导向。其二，私主体使用和维护私人空间时，不得侵害相邻主体的合法权益，亦不得破坏所在社区的空间秩序。其三，城市社区空间的共享与维护应当以尊重私主体的意愿为基础，以私主体对空间利用的互相容忍或者义务的互相负担为前提，同时亦不得破坏相邻城市区域的空间秩序。其四，当为了城市整体空间或区域空间的总体规划而对私人空间、社区空间的利用加以限制时，要按照比例原则综合考量限制私人利益的手段与所要实现的公共利益之间的关系。总之，无论是哪个层次的城市空间，都不是仅着眼于孤立的空间，还需要考虑其所包含或被包含的空间以及相邻空间的利益关系。此外，整个城市发展是需要各类行政部门运作的庞大领域，城市空间的开发利用也应当与城市行政的其他部门互相合作或调整，进而在总体上促进城市健全有序的发展。

在利益衡量的过程中，公共利益在不同的内涵和维度上呈现出具体利益与抽象利益、局部利益与全局利益、眼前利益与长远利益等关系。[1]私人利益和公共利益经常被视为一对具体利益与抽象利益的关系，而在私人使用公共设施等情况下公共利益则是以具体的方式出现。一定区域内特定群体对固定空间的利用享有某种共同利益，区域的限定性和利益的共同性促使这类利益具有比较具化的特征，难以归属于抽象的公共利益。在利益衡量的内部构造中，有的利益衡量倾向于对个人或群体的具体情况进行细致的衡量，有的利益衡量则倾向于对社会整体的抽象构造进行综合的衡量。在城市空间秩序的形成与规制过程中，既要保护不特定多数人或特定群体的生命财产、生活环境等具体利益，也要实现诸如维护市场秩序、合理利用空间资源、保护城市环境之类的抽象利益。所以，有关城市空间的利益衡量既包括针对具体利益的细致衡量，也包括针对抽象利益的综合衡量。此外，城市空间的层次性也使得局部利益与全

---

〔1〕 梁上上：《公共利益与利益衡量》，载《政法论坛》2016年第6期，第12~14页。还有学者根据利益衡量的需要，将利益的层次结构分为"当事人的具体利益""群体利益""制度利益""社会公共利益"，并认为这些利益是一种由具体到抽象的递进关系，也是一种包容和被包容的关系。梁上上：《利益的层次结构与利益衡量的展开——兼评加藤一郎的利益衡量论》，载《法学研究》2002年第1期，第56~57页。

局利益、眼前利益与长远利益的矛盾更加突出。城市空间的规划与配置应当立足于全局，有利于城市长远的发展。城市规划最能体现一个城市的空间布局和发展蓝图，蕴含着一个城市的全局观和长远观。[1]但在实践中，城市规划常常因地方政策的变动而屡次变更，一些地方政府为了追求政绩对某个城市区域或在某段时间大拆大建，没有考虑城市整体的长远规划。尽管全局利益和长远利益很重要，但在利益衡量的过程中，不能简单地把城市私人空间的利益认定为局部利益和眼前利益，并据此让私人利益绝对屈从于城市区域空间和整体空间的全局利益。正如公共利益与私人利益的关系一样，全局利益和长远利益的实现应当以充分协调与均衡各种局部利益和眼前利益为前提。

三、公私协作原则

随着政府职能的转变及民营化的推进，公私协作（Public-Private Partnership）的兴起打破了传统的公私二元界限，衍生了大量新型行政活动方式，已成为现代行政法的重要现象。城市治理的一个显著的特征就是行政与私人等多元主体参与治理事务的决定与实施，并在这个过程中衡量多种不同的利益，正契合了公私协作的发展趋向。在城市空间的开发利用中存在着主体层面和利益层面的公私协作现象。

（一）主体层面的公私协作：分担性的公私协作

主体层面的公私协作涉及的是私主体被行政主体委任实施

---

[1]《城市、镇控制性详细规划编制审批办法》第8条规定："编制控制性详细规划，应当综合考虑当地资源条件、环境状况、历史文化遗产、公共安全以及土地权属等因素，满足城市地下空间利用的需要，妥善处理近期与长远、局部与整体、发展与保护的关系。"

行政事务的情形，是私主体分担公共任务的一种协作，可称之为"分担性的公私协作"[1]。城市的发展使现代社会对公共服务激增的需求与政府财政压力之间的巨大矛盾愈加突出，在民营化和规制缓和等改革背景下，民间企业与政府签订合同投资、建设、经营公共设施等城市公共空间的方式愈来愈普遍，形成了主体层面分担性的公私协作。从规制行政和给付行政的角度来看，这种私主体承担城市公共事务的公私协作是为了实现给付行政的任务，但改变政府的传统角色和责任。即政府不再是直接给付者，而成为私主体的规制、指导和合作者，政府的义务集中在保证经济活动所需要的产品和服务，以及保证经济能够以符合公共利益的方式正常运转。[2]

在我国，基础设施和公用事业特许经营是民间资本参与城市空间建设运营的一种典型公私协作现象，可以采取 BOT（建设—运营—转让）、BTO（建设—转让—运营）、BOOT（建设—拥有—运营—转让）等模式。[3]然而，由于政策变更、政府换

---

[1] 从公共任务如何实施的角度而言，公私协作可区分为分担性的公私协作与多元性的公私协作。分担性的公私协作是以规制缓和与行政效率为背景，意指政府向民间主体开放公共任务的权限。多元性的公私协作则通常运用在自治行政、环境行政等领域中，意指行政与市民、NPO、企业等各种立场不同的主体互相理解、尊重各自的价值与能力，从而达成共通的认识，作为对等的伙伴互相合作，处理各种社会问题与公共课题。参见大久保规子「協働の進展と行政法学の課題」磯部力ほか編『行政法の新構想 I 行政法の基礎理論』（有斐閣、2011 年）223-225 頁。因多元性的公私协作实际上以多元主体的共同参与行动为基础，与公众参与原则相关，故在公私协作原则中不讨论此类。

[2] 陈越峰：《城市基础设施正当配置的法律构造》，载《当代法学》2022 年第 2 期，第 64 页。

[3] 私人主体分担公共设施投资、建设和运营的公私协作还有 PFI（Private Finance Initiative）模式。PFI 是 1992 年英国首先提出、后在发达国家兴起的一种优化 BOT 的模式，是政府部门根据社会需求提出需要建设的项目，通过招标投标由获得特许权的私营部门进行公共基础设施项目的建设与运营，并在特许期结束时将所

届等原因政府单方面违约损害企业信赖利益的情况并不少见。另外，政府往往自恃拥有权力的优势，缺乏对特许经营的风险意识，不仅对特许经营企业的选择有失妥当，也较少关注如何促进特许经营的效果。[1]无论是哪一方面的风险，都有碍于民间资本优势的充分发挥，最终影响到公共服务的质量和效率。因此，主体层面分担性的公私协作并不是简单地接受私主体或民间资本参与行政事务，更重要的是实现公私主体的有效协作。无论是何种模式的公私协作，都应当坚持公开、公平、公正的原则，保护各方信赖利益，协调好私主体的经营性与行政事务的公益性之间的平衡关系。

根据《基础设施和公用事业特许经营管理办法》等法律规范，特许经营已成为城市基础设施的开发利用中较为定型化的公私协作形式。除此之外，在我国很多城市，开发商在建设住宅小区等经营性项目时会被城市规划附加额外的公共设施等非经营性项目的建设任务，把开发商承担特定公共设施的配套建设作为开发许可的条件。这种把公共建设任务从行政主体转移至私人土地利用主体的机制本质上也是一种公私协作形式，是为了缓解激增的公共服务需求对政府财政造成的压力，并最终实现土地利用变更所引发的土地利益在公与私之间的均衡。在实践中，即使在法律法规没有特别规定的情形下，政府也可以根

经营项目完好地、无债务地归还政府，私营部门则从政府部门或接受服务方收取费用以回收成本的项目融资方式，参见朱妍主编：《城市学概论》，广东人民出版社2017年版，第213页。日本在1999年就制定了PFI法（全称为《关于促进通过活用民间资金等配置公共设施等设施的法律》），使民间企业能够参与从公共设施的建设到管理、经营的全过程，改变了过去只能通过民事委托合同进行建设或管理的状况。

〔1〕 政府对特许经营风险意识的匮乏，参见章志远：《公用事业特许经营及其政府规制——兼论公私合作背景下行政法学研究之转变》，载《法商研究》2007年第2期，第4~5页。

据不同的任务需要选择最有利于履行公共任务的协作形式。在公私协作的背景下,赋予政府协作形式的选择裁量权已成为一项共识。[1]

(二) 利益层面的公私协作:公私规范的协作关系

1. 公私协作中的利益衡量

利益层面的公私协作涉及的是调整利益关系的公法规范与私法规范适用情形。分担性的公私协作"实质上提供了一个多元利益表达、博弈、协调和保障的场域"[2],但也要落实到公法与私法在调整利益关系时的具体适用关系中。传统的公私二元论以国家和私人的主体区分为前提,把适用于国家与私人之间的规范作为公法规范,适用于私人之间的规范作为私法规范,进而又把公法规范与私法规范保护的对象区分为公共利益与私人利益。然而,现实中不特定多数群体的集合性利益已经无法直接归属于公共利益或私人利益,因而产生了介于公共利益和私人利益之间的中间利益。作为第三种利益类型,集合性利益可以说颠覆了传统的公私二元利益结构,这也要求对集合性利益的保护必须实现公法规范与私法规范的协作。

如前所述,城市空间的本质决定了公法规范对调整城市空间利益的主导地位,但不能据此就否认私法规范的适用空间。正是由于公法规范与私法规范在保障城市空间利益上的交错与互动,才凸显了城市空间利益作为介于公共利益与私人利益之间的集合性利益的特征。可以说,城市空间利益的集合性在某

---

[1] 参见章志远、胡磊:《公私协力的兴起与行政行为理论的变迁》,载《山东警察学院学报》2010年第6期,第43页;黄学贤、陈峰:《试论实现给付行政任务的公私协力行为》,载《南京大学法律评论》2008年春秋合卷,第60~62页;等等。

[2] 黄学贤、陈峰:《试论实现给付行政任务的公私协力行为》,载《南京大学法律评论》2008年春秋合卷,第57页。

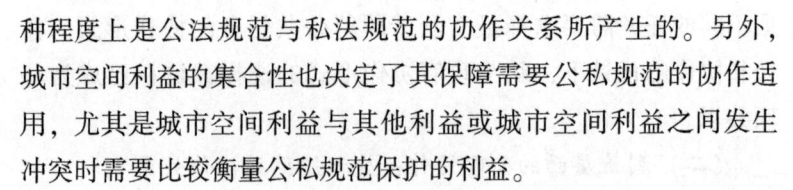

种程度上是公法规范与私法规范的协作关系所产生的。另外，城市空间利益的集合性也决定了其保障需要公私规范的协作适用，尤其是城市空间利益与其他利益或城市空间利益之间发生冲突时需要比较衡量公私规范保护的利益。

2. 公法规范与私法规范的协作适用

根据公私规范保护的法益及其相互关系的形态，公法规范与私法规范的协作关系可区分为以下三种情形：[1]

第一种情形是公法规范与私法规范的重叠适用关系，即把公法规范保护的利益与私法规范保护的利益解释为不同的利益，以私法规范的适用为前提适用公法规范，或者以公法规范的适用为前提适用私法规范。例如，商品房的销售过程就贯穿着保护交易自由的私法规范与保护广大消费者权益的公法规范的重叠适用，原则上商品房销售价格由当事人协商议定，商品房买卖合同事项由当事人双方约定，但也要受到公法规范稳定房价、保障公共服务供给等限制。在福建新新房地产开发有限公司诉平和县工商行政管理局行政处罚案中，开发商与购房者签订商品房买卖合同时补充约定了"水电开户费及计量仪表均由买受人自理"的内容，这被审理法院认定为明显加重了消费者的负担，违反《商品房销售管理办法》等公法规范。[2]再如，政府为了实现公共服务目标与公民、法人或者其他组织协商签订的、具有行政法上权利义务内容的特许经营、招商引资、保障房租

---

〔1〕 山本隆司「私法と公法〈協働〉の様相」法社会学66号（2007年）21—29页。同时，山本教授指出，根据对公法规范与私法规范保护的利益及其相互关系的不同解释，公私规范的适用关系也会有不同的归纳，可能会把公私规范的重叠适用关系解释为调节冲突的适用关系或协同适用关系。

〔2〕 福建省漳州市中级人民法院（2014）漳行终字第68号行政判决书。该案是2015年10月最高人民法院发布的人民法院经济行政典型案例之一。

赁与买卖等协议在当前的司法实务中常被界定为行政协议，但不可否认的是部分协议内容构成民商事法律关系从而产生重叠适用私法规范的空间。[1]也有学者主张这类情形下的重叠适用属于"公法行为+私法合同"的双阶法律关系。[2]

第二种情形是公法规范与私法规范调节冲突的适用关系。公法与私法的重叠适用更进一步产生的是冲突调节适用关系，是指在公法规范与私法规范因实现各自保护的利益侵害或者可能侵害对方保护的利益而产生冲突须予以调节的关系。特别是公法与私法分别基于对公共利益和私人利益的保护往往对同一行为会产生不同的法律评价。在公私法界限逐渐模糊尤其是公法介入私人领域的情况下，同一行为就要面临公法与私法的双重评价。如果固守公私法二元论的认识，则可能会导致公法与私法对同一行为给予不同的评价，从而出现法律秩序混乱的局面。在维护法律秩序统一的认识下，公法优位论成为协调公私法评价的准则，即基于公法相对于私法的优越，为维护公法的权威，以公法评价主导私法评价，违反公法规范的行为自然也要受到私法的否定评价。基于此，在关联行政的民商事领域中，行政登记、行政许可、行政裁决等行政权力会对民商事行为的法律效力、民商事责任的认定、民商事纠纷的诉讼程序产生影响。

在城市公共空间的商业化利用过程中，私权的实现往往引

---

[1] 参见《最高人民法院关于审理行政协议案件若干问题的规定》第1条、第2条、第27条。
[2] 参见陈铭聪：《政府特许经营的法律性质与监管问题研究》，载《经济法研究》2014年第1期，第259~270页；王锴：《政府采购中双阶理论的运用》，载《云南行政学院学报》2010年第5期，第145~149页；凌维慈：《保障房租赁与买卖法律关系的性质》，载《法学研究》2017年第6期，第61~73页。

发政府与私人、空间使用权人与城市公众等的利益冲突。以城市建筑物外墙的户外广告为例，建筑物所有人有权自由决定外墙的使用范围和使用方式，但往往容易侵害城市环境、交通安全、市容卫生等公共利益，与城管部门清除非法广告牌的集体行动发生冲突，与城管部门征收管理费的行为发生摩擦。[1]对于诸如这样的利益冲突，需要考量限制甚至使私法行为无效的做法对于公法规范保护的法益而言是不是必要且适当的。当以私法上的合同约定土地开发、建筑物的建设时，如果违反公法的强制性规定就有可能产生合同无效的争议。《全国法院民商事审判工作会议纪要》第30条规定，人民法院在审理合同纠纷案件时要慎重判断"强制性规定"的性质，特别是要在考量强制性规定所保护的法益类型、违法行为的法律后果以及交易安全保护等因素的基础上认定其性质。该规定蕴含了比例原则的内涵，重点是判断合同无效对实现公法强制性规定保护的法益的适当性与必要性，衡量合同无效所实现的公共利益是否大于所损害的合同当事人的私益。《民法典》也没有绝对地将违反公法强制性规定的合同一律视为无效合同，也没有将应当办理批准手续但未办理的合同一律视为未生效合同。[2]

第三种情形是公法规范与私法规范在保护同种利益时的协

---

[1] 白慧林：《城市公共空间商业化利用中公权与私权的冲突及解决》，载《商业经济研究》2015年第11期，第120~121页。

[2] 参见我国《民法典》第153条第1款、第502条第2款。2021年1月1日起施行的《最高人民法院关于审理建设工程施工合同纠纷案件适用法律问题的解释（一）》第1条规定了根据《民法典》相关规定，认定建设工程施工合同的无效情形。第3条规定："当事人以发包人未取得建设工程规划许可证等规划审批手续为由，请求确认建设工程施工合同无效的，人民法院应予支持，但发包人在起诉前取得建设工程规划许可证等规划审批手续的除外。发包人能够办理审批手续而未办理，并以未办理审批手续为由请求确认建设工程施工合同无效的，人民法院不予支持。"

同适用关系。公共利益与私人利益的区分与对立产生了公法与私法重叠适用、冲突调节的适用关系，但如前所述，公共利益是在对各种私益进行衡量的基础之上形成的整合性利益，公共利益是对私人利益最大化的实现与保护，据此产生了两者保护同种法益的特殊适用关系。被公法与私法都予以保护的某种法益也就兼具了公法权利与私法权利的性质。相较于第一种情形和第二种情形表现的是公法规范与私法规范的一般关系问题，第三种情形可以被视为两者的特别关系问题。具有集合性特征的城市空间利益往往是公法规范与私法规范都保护的对象，例如公法规范保护的生活环境利益，也可以通过民事法上的停止侵权诉讼来保护。对于这种情形，可通过利益衡量选择适用最有利于发挥保护功效的法律规范，根据情况还可组合搭配适用公法规范和私法规范，形成"行政（诉讼）程序+民事（诉讼）程序"或"民事（诉讼）程序+行政（诉讼）程序"等组合。

当然，即使公法规范与私法规范协作的领域正在扩大，[1]也仍然存在坚持公法与私法差异性的必要。私法（民事法）可以清晰地划分为关于主观权利的实体法体系和以权利请求权为基础的诉讼法体系，而且诉讼法体系是以主观权利体系中可分的个人利益的保障为主，不可分的集合性利益的保障为辅。而在公法（行政法）中，行政行为通常与不可分的公共利益或集合性利益相关，与可分的个人利益相关的行政行为是很少的。但另一方面，行政诉讼保护的通常是可分的个人利益。在分配城市空间资源的行政过程中，集合性的城市空间利益因行政行

---

[1] 公私协作是行政法和民法都关注的现象，对民法中公私协作现象的系统性总结，参见［日］吉村良一：《从民法角度看公法与私法的交错与互动》，张挺译，载《人大法律评论》2012年第2期，第233~257页。

为产生、变更、消灭，且是在与直接相对人的个人利益进行衡量调整的过程中产生、变更、消灭的。这种不可分利益与可分利益相结合的法律状态是不同于主要保障可分利益的民事诉讼的。因此，即使在集合性利益的保障上，公法与私法具有目的共通性和手段互换性，[1]也仍不能以民事手法完全替代行政手法。[2]

四、公众参与原则

（一）行政法上的程序参与

在行政民主化的浪潮下，社会公众通过听证会、论证会、座谈会、意见征求等形式广泛地参与到行政事务中已成为公共行政领域一道亮丽的风景线，促使政府的行政管理活动呈现一种"参与式行政"的模式。[3]在行政法上，"参与"也成为一个时髦用语，形成了"行政参与""行政参与权""公众参与"等概念，但这些概念的界定并不清晰，尤其在参与主体和参与事项的界定上形成了不同的表述，造成行政参与和公众参与关系上的混乱。

首先，在行政参与或行政参与权的概念界定上，存在广义与狭义的分歧。有的学者把行政参与的主体或事项确定得比较广泛，实质上是把公众参与纳入行政参与的范畴（广义的行政

---

〔1〕 在集合性利益的保障上公法与私法的互动，参见中川丈久「問題提起——行政法と民事法に集団の利益・集合の利益はどのように存在するのか」民商法雜誌148卷6号（2013年）492-512頁。

〔2〕 仲野武志「不可分利益の保護に関する行政法・民事法の比較分析」民商法雜誌148卷6号（2013年）552-556頁。

〔3〕 方世荣、谭冰霖：《"参与式行政"与行政行为理论的发展》，载《南京工业大学学报（社会科学版）》2013年第1期，第76页。

参与)。例如，章剑生将行政参与的情形总结为"将行政过程开放给行政相对人或者公众，行政相对人或者公众在参与行政过程中，对可能形成的行政结果表达自己意见"，并将行政参与分为预防具体行政决定侵害的"权利保护型"和对行政立法或行政规划发表意见的"意见征集型"。[1]邓佑文则是把行政参与等同于公众参与，认为"行政参与即公众参与行政"[2]，把行政参与权视为公众参与的权利化，并把它具体界定为"行政相对人依法以权利主体身份，为维护和发展自身或共同利益，以法定形式进入行政管理活动过程，并对行政立法、行政决策和行政执法等直接发挥影响的一种综合性权利，它包含参与资格权、了解权、表达权、监督权、参与决定权、参与实施权等多项权能"。[3]与之相对，还有学者将行政参与视为正当法律程序的要求；限定其为利害关系人的参与（狭义的行政参与）。例如，周佑勇对行政参与的定义是"受行政权力运行结果影响的利害关系人有权参与行政权力的运行过程，表达自己的意见，并对行政权力运行结果的形成发挥有效作用"，[4]他还指出，"公平听证"是行政参与的核心要求，属于狭义上"正当程序"。[5]

其次，在公众参与的概念界定上，有的学者使用的表述比

---

[1] 章剑生：《现代行政法总论》（第2版），法律出版社2019年版，第44页。
[2] 邓佑文：《行政参与的权利化：内涵、困境及其突破》，载《政治与法律》2014年第11期，第58页。
[3] 邓佑文：《论行政参与权与行政法律关系的变革》，载《东岳论丛》2012年第4期，第173页。类似地，湛中乐认为："行政参与权就是行政相对人的参政权利，包括批评建议权、控告检举权、协助公务权、知情权……这些权利在行政立法、行政决策、行政规划、行政征收征用、行政许可、行政处罚等具体行政管理活动中都有体现。"湛中乐：《现代行政过程论》，北京大学出版社2005年版，第98页。
[4] 周佑勇：《行政法原论》（第3版），北京大学出版社2018年版，第67页。
[5] 周佑勇：《行政法基本原则研究》（第2版），法律出版社2019年版，第227~228页。

较宽泛,把狭义的行政参与纳入公众参与的范畴(广义的公众参与),但在参与的情形或分类上还是有很大的分歧。例如,江必新把公众参与界定为"行政主体之外的个人和组织对行政过程产生影响的一系列行为的总和",认为"公众参与包括两种形态,一是在具体的行政过程中的参与,二是由社会公众组成的社会中介组织直接取代行政机关来行使具体的公共行政职能"。[1]徐以祥把公众参与的主体分为"有利害关系的公众"和"没有利害关系的公众"两种类型,并根据不同的主体类型设计了不同的参与权利规则。[2]此外,还有学者把公众参与限定在行政立法和行政决策当中(狭义的公众参与)。例如,王锡锌就认为公众参与是"在行政立法和决策过程中,政府相关主体通过允许、鼓励利害相关人和一般社会公众,就立法和决策所涉及的与其利益相关或者涉及公共利益的重大问题,以提供信息、表达意见、发表评论、阐述利益诉求等方式参与立法和决策过程,并进而提升行政立法和决策公正性、正当性和合理性的一系列制度和机制"。[3]王学辉等从实质性公众参与的角度将公众参与界定为不特定行政相对人参与与自身利益相关的政府活动,由此推导出公众参与的主要领域是在行政立法和行政决策当中。[4]

行政参与和公众参与的概念之所以出现这样的混乱,主要原因在于对参与的功能定位不同。广义的行政参与和广义的公

---

[1] 江必新、李春燕:《公众参与趋势对行政法和行政法学的挑战》,载《中国法学》2005年第6期,第50、55页。

[2] 徐以祥:《公众参与权利的二元性区分——以环境行政公众参与法律规范为分析对象》,载《中南大学学报(社会科学版)》2018年第2期,第64~65页。

[3] 王锡锌主编:《行政过程中公众参与的制度实践》,中国法制出版社2008年版,第2页。

[4] 王学辉、王亚栋:《行政法治中实质性公众参与的界定与构建》,载《法治研究》2019年第2期,第53页。

众参与是以参与的双重功能为基础，即权利保障和民主性担保。参与的权利保障功能主要是针对具体的行政行为，尤其是即将对行政相对人产生不利效果的行政行为。让行政相对人参与到这种行政行为的事前程序中，有利于防止行政权的滥用，维护行政相对人自身的合法权益。此即传统的正当法律程序的应有之义。参与的民主性担保功能主要是针对行政立法、行政规划等具有普遍约束力的行政行为，通过事前参与程序提升此类行政行为的民主性，维护公共利益。仅强调参与的权利保障功能会形成狭义的行政参与概念，仅强调参与的民主性担保功能则会形成狭义的公众参与概念。

（二）城市治理中的公众参与

让多元利益主体参与到城市的行政事务中，是城市管理迈向城市治理的重要指标。城市空间利益的正当分配意味着要协调和均衡城市空间承载的各种利益关系，而利益衡量的前提是允许各利益主体充分表达诉求。作为"一种利益平衡的行政法模式"[1]，公众参与应当贯穿于城市治理的行政过程中。根据《中共中央关于坚持和完善中国特色社会主义制度 推进国家治理体系和治理能力现代化若干重大问题的决定》，公众参与是社会治理体系不可或缺的要素。《南京市城市治理条例》也明确规定了公众参与城市治理的原则与方式。自该条例实施以来，南京市在老旧小区综合整治、垃圾分类投放、文明养犬等方面践行了公众参与城市治理的制度。不过，相较于一般行政法上的行政参与或公众参与而言，城市治理中的公众参与有一定的显著性和特殊性，尤其是共建共治共享的社会治理体系对公众参

---

[1] 王锡锌：《公众参与和行政过程——一个理念和制度分析的框架》，中国民主法制出版社2007年版，第84页。

与提出了更高的要求。

第一，从参与的利益基础而言，城市治理中的公众参与是城市居民以共同利益为目标的参与。打造共建共治共享的社会治理格局，毫无疑问，必须以多元利益主体的积极参与为前提，"共建共治共享是参与型行政理念的体现"[1]。但需要强调的是，现代城市行政不仅广泛地影响城市居民的生活，而且经常在超越个体居民的层面对一定地域范围的多数居民产生影响，尤其是在城市开发、公共设施利用、环境治理等方面。在城市治理的过程中，社区、街道、街区等公共空间的开发利用往往会牵动特定范围内居民集合性的、共同的空间利益，城市空间的共建共治共享是以共同的利益目标为基础。这决定了城市治理的行政过程必须考虑、尊重和保障地域居民的多元利益，并且在充分的参与以及不断的利益协调中形成共同利益。可以说，城市治理中的公众参与本质上是城市居民共同的程序性权利，[2]是因利益衡量产生了参与的动力和源泉，又因利益衡量实现了参与的协调价值。参与本身并不是优先的、绝对的重要，重要的是应把参与作为整体利益衡量的一个环节。这要求行政机关破除形式参与的壁垒，切实通过多种手段获取并充分考虑多元的利益需求，而不是只考虑专家意见或者单纯以自己的利益、商业利益来代表公共利益。

第二，从参与的密度而言，城市治理中的公众参与更依赖于集中的、组织化的参与，分散化的个人参与逐渐式微。公众参与在参与的主体方面不仅包括个人的参与，也包括组织的参

---

[1] 杨建顺：《城市治理应当坚持共建共治共享》，载《城市管理与科技》2019年第6期，第40页。

[2] 小高剛「行政手続と参加」雄川一郎、塩野宏、園部逸夫編『現代行政法大系3 行政手続・行政監察』（有斐閣、1984年）128頁。

与。"相比于分散的、未经组织的利益而言，组织化利益的参与对行政决定和政策的制定具有更有力的影响。""从公众参与的制度运行有效性看，分散利益的组织化不仅直接影响到具体的参与过程中均衡的利益代表和实质平等，而且，社会中各种利益的组织化，也正是公众参与制度赖以维系和有效运行的社会组织基础。"[1]城市治理中的公众参与不应该是一盘散沙、各自为政的。相应地，构建代表一定群体利益的组织运行机制是不可或缺的。

第三，从参与的广度而言，城市治理中的公众参与是广泛且持续性、阶段性的参与。城市治理涵盖的行政事务非常广泛，公众参与不仅适用于行政许可、行政处罚等行政行为的事前程序，也适用于这些行政行为所依据的行政立法、行政规划等事前程序。不过，在不同的阶段公众参与的权利保障和民主性担保功能会有所侧重。从广义的行政过程来看，城市空间的开发利用过程可以大致分解为关于城市总体构想的规划阶段、城市建设项目的规划阶段以及开发许可等具体行政行为阶段。[2]城市总体构想的规划尚不会对城市居民产生法律拘束力，故在这个阶段共同参与的功能应侧重于政策决定民主正当性的形成，参与居民的范围不应受到限制，参与程序应有利于居民的直接参与。相较而言，城市建设项目的规划会对相关地域的居民产生一定的拘束力，故在这个阶段公众参与应发挥权利保障和民主性担保的双重功能，参与居民的范围也不应受到限制，参与程序至少要采用公开的意见征求程序并设定行政机关的答复义

---

[1] 王锡锌：《利益组织化、公众参与和个体权利保障》，载《东方法学》2008年第4期，第27页。

[2] 見上崇洋『地域空間をめぐる住民の利益と法』（有斐閣、2006年）79-81頁。

务。而在开发许可等具体行政行为阶段，公众参与的功能应侧重于对土地房屋等有财产权等利害关系人的权利保障，参与程序应采用听证会等有利于权利保障的程序。[1]

本章小结

城市法作为行政法的分支领域，依法治理、利益均衡、公私协作、公众参与等原则的内容既是行政法基本原则在城市行政领域的具体体现，也凸显了城市法作为相对独立法律部门的一定特殊性。对保障城市空间利益具有重要意义的城市法基本原则之间并不是彼此孤立的，而是互相联系和影响的。依法治理是城市法的首要原则，意味着运用法治手段建设和管理现代化城市。当然，依法治理并不是排斥行政手段的管理办法，但城市治理的行政手段必须基于法律授予的权限。利益均衡、公私协作和公众参与都要在依法治理的前提下展开。在城市治理的行政过程中，城市空间秩序的形成与控制伴随着复杂且多元化的利益关系，进而产生了利益均衡、公私协作和公众参与的现实基础。其中，利益均衡构成了公众参与的动力和源泉，公私协作逐渐发展为利益均衡的形式与手段，公众参与是一种多元性的公私协作。

---

[1] 大田直史「まちづくりと住民参加」芝池義一ほか編著『まちづくり・環境行政の法的課題』（日本評論社、2007年）164-170頁。

分 论
城市空间利益的具体分配制度与实践

　　城市空间，更进一步说，是人们共同的生活环境空间，其承载的功能以居住生活和经济活动为主。改革开放以来，住房的私有化、经济活动的市场化更是极大推动了我国城市空间结构的变迁。本部分主要以城市居住空间和经营场所为对象展开城市空间利益的细化研究。当然，在现代社会，居住生活和经营活动通常是密不可分、相互影响的。城市规划中的土地利用规制是对居住、工作、生产等连续的整个空间施加影响，进而调整与整合各空间，从而提高城市整体的机能，改善人居环境。因此，城市居住空间和经营场所的资源分配与利益保障并不是各自孤立、毫无联系的，而是在彼此协调、井然有序的基础上发挥复合高效的城市功能。其中，令人赏心悦目的景观风貌有助于提升城市土地的经济价值，已逐渐成为地域居民生活环境中不可或缺的部分，故本部分还将考察地域空间中景观利益的法律保护。

第五章

城市居住空间的法律构造与利益分配

在城市建设发展过程中，城市居住用地在城市用地中始终占据着重要地位，且城市居住空间结构的演变对城市整体的空间结构发挥着重要影响。城市空间是兼具物理属性和社会属性的有机体。在物理属性上，承载居住功能的城市空间，除了属于私人财产的住宅之外，还延伸至配置公共基础设施和服务设施的社区、街区等。而相较物理属性，社会属性才是城市居住空间的本质属性，即城市居住空间是特定社会关系和社会空间秩序的体现。[1]尤其是市场经济条件下城市居住空间的分异与隔离体现了不同社会阶级的住房消费差异。在城市化的发展中各国先后经历过居住环境恶化、房价高涨、住房困难、贫困人口聚集等城市居住空间问题。为应对这些问题，城市土地与住房制度迎来了变革，逐渐形成了公权力积极整序城市居住空间物理环境，进而调整城市居住空间承载的多元利益的法律构造。同时，着眼于空间的社会属性，以居住空间为治理单元处理相邻空间冲突、私人空间与公共空间的争夺等社会空间问题，亦

---

[1] 赵聚军、庞尚尚：《面向共同富裕的超（特）大城市居住空间治理》，载《北京行政学院学报》2023年第1期，第44页。

是对城市居住空间的公共性塑造过程。

一、土地利用规制与城市居住空间的规划性形成

在近代自由资本主义时代，私人的土地所有权受到国家法律的保障，在警察国家理念下土地所有权者享有最大限度的土地利用自由，仅受到最低限度的警察规制。伴随着工业化和城市化的发展，市场配置土地资源的单纯利益导向产生了诸多城市问题，凸显了土地的财产属性和社会属性之间的矛盾，尤其是住宅过于集中、通风采光受到影响、公众健康卫生受到威胁等生活环境的恶化。这构成了资本主义国家产生城市规划——通过政府的强力介入，将城市土地的开发纳入整个城市加以计划性地控制的社会背景。从世界范围内城市规划的历史发展来看，居住空间的发展需求对城市规划法制的产生与完善起到了极大的推动作用，而居住问题的解决亦是城市规划的核心课题。不同国家通过城市规划发挥土地利用规制效果的构造可谓各有特点。我国从社会主义计划经济向市场经济转型的过程中，城市规划中的土地利用规制发生了显著的变化，城市居住空间的整体形态也随之改变。

（一）德国：从建筑自由到建筑不自由

德国的建筑自由理念源于1794年的《普鲁士一般邦法》（Das Allgemeines Landsrecht fuer die Preussischen Staaten），该法突破了警察专制时期统治者对于城市建设与发展的专制权力，赋予土地所有者在自己的土地上自由从事建设活动的权利。同时，该法对建筑自由做出了一般性的禁止规定，即"不得危害公益与公共安全，不得丑化城市与公共场所面貌"。不过，警察只能以危险防止为管理目标对私人的建筑自由设置针对具体事项的限

制。19世纪开始，工业革命的发展推动了德国的城市化进程，城市人口急剧增加，产生了城市住宅的供给危机。不受限制地在土地上大量建造住宅虽然能缓解这个危机，但会造成密集拥挤的居住环境。此外，工业化大生产导致工厂不断侵入居民区，大气、噪声、固体废弃物等各种工业污染极大地妨害了居民的健康生活。在此背景下，传统警察行政以危险防止为目的对建筑自由的消极干预已经无法应对城市居住环境的恶化，政府对城市居住空间的管理开始转向积极的"规划性形成"。[1]这主要体现在普鲁士1875年《建筑线法》（Fluchtliniengesetz）和1918年《住宅法》（Das Wohnugsgesetz）之中，这两部法律标志着德国城市规划法的最初形态。

《建筑线法》赋予各市镇在道路上划定建筑线、制定道路规划的权力，要求私人在未获许可的情况下，其建设活动不得超出划定范围。在该法中，建筑线划定的目的从危险防止的秩序行政转变成道路、广场等公共设施的建设供给。不过，这种规制手法以道路线和确与道路线不一致的建设建筑线的范围为限，基本上仅在道路网的形成上发挥作用，而对道路之外土地的建设性利用活动几乎不产生规制作用，导致质量低劣的公寓不断增加。为弥补《建筑线法》对建筑物控制的不足，1891年法兰克福市的《分区建设法令》（Staffelbauordnungen）对城市进行了不同的分区，设定了不同区域的土地利用和建筑物控制要求，标志着德国的城市空间控制机制从单纯的道路规划控制发展为地块、建设利用和道路控制一体化的模式。[2]而《住宅法》基

---

[1] 何源：《德国建设规划的理念、体系与编制》，载《中国行政管理》2017年第6期，第136页。

[2] 殷成志、杨东峰：《德国城市规划法定图则的历史溯源与发展形成》，载《城市问题》2007年第4期，第94页。

于健康住宅充分供给的目的，建立了对于私人建筑自由进行多重限制的分区规划制度，授权警察机关能够对土地进行分区，对土地使用用途的种类和规模进行差别性的限制。作为对《建筑线法》的修订，《住宅法》还要求在划定道路红线时除了考虑交通、防火等危险防治需求之外，还要考虑住宅的需求。例如，符合住宅建设的建筑地块的合适深度、街道宽度等需求，舒适便宜的居住环境需求（在住宅周边建立公园广场、教堂和学校等公共设施的可能性），等等。[1]

二战后，随着1949年《德国基本法》（Grundgesetz für die Bundesrepublik Deutschland）的颁布，建筑自由被视为财产权这一基本权利的内容范畴，但同时以土地所有权为核心的财产权的行使亦被附加了社会义务，土地比起其他财产被认为具有更强的公共性，这决定了不存在任意使用土地的自由或者说任意建设的自由。[2]目前德国土地开发建设的规制表现为以联邦颁布的《建设法典》（Baugesetzbuch）为核心的土地使用规制和以联邦各州制定的建设秩序法（Bauordnungrecht）为主体所确定的建筑物规制。[3]前者是从城市化建设的角度引导城市整体空间的积极形成而进行的规制，将市镇编制的一般城市规划分为土地利用规划（Flächennutzungsplan）和地区详细规划（Bebauungsplan）两个阶段。土地利用规划是针对市镇全域的土地利用蓝图，可以对规划区划定居住、工商业等一般用途的土地。地区详细规

---

[1] 李泠烨：《城市规划法的产生及其机制研究——以德国和美国为中心的标志性考察》，上海交通大学2011年博士学位论文。

[2] 李泠烨：《土地使用的公共限制——以德国城市规划法为考察对象》，载《清华法学》2011年第1期，第152~153页。

[3] 李泠烨：《土地使用的行政规制及其宪法解释——以德国建设许可制为例》，载《华东政法大学学报》2015年第3期，第149~150页。

划则要以土地利用规划为编制依据，可以划定小型居住用地、纯居住用地、特殊居住用地等特定用途土地，并针对各区域上的土地利用与建筑活动进行精细化的规制，是以市镇条例的形式颁布，具有法律约束力。相较而言，建设秩序法确定的建筑物规制主要是为了实现消极的危险防御功能。在土地开发建设的双重规制下，私人对任何设施的建设、改建和用途变更等土地开发建设，原则上都需要向建设管理机关申请取得建设许可（Baugenehmigung）。建设许可的要件审查主要以私人的土地开发建设行为是否符合地区详细规划为主，但也并不限于城市规划区域内是否允许开发的审查，因为即使是在无规划的城市建成街区或者外部地区也是建筑不自由的，由此可见德国土地使用规制的适用范围很广泛。

（二）美国：从传统的分区规划到包容性规划

19世纪末20世纪初的美国城市在展现技术、工业的惊人进步的同时，也存在着令人惊讶的杂乱无章。在工业革命的影响下，农村人口和海外移民不断涌入城市，城市聚集了大量劳动力，产生了高密度的住房集中现象。根据美国当时的立法，只要不违反最低的安全和卫生要求，土地使用的规模几乎不受限制，这就形成了高密度的土地使用模式，导致相邻建筑物的通风、采光和安全等方面出现问题。在高密度的土地使用中，住宅常常建设在工厂等工作地点周围，各种土地用途在同一地区内混合，甚至在同一幢建筑物中混合。随着有轨交通技术的发展，城市中心区人口增长放缓，居住地开始向土地使用并不密集的城市郊区扩散，工业等产业也随之转移，这又形成了新一轮的土地使用冲突。在这样的背景下，仅仅依靠单纯的防火、卫生规范并不能有效缓解城市土地的使用矛盾，美国城市开始引入了一种新的土地使用公共秩序——分区规划制度。[1]

起初美国的分区制仅对城市内特定地区的特定土地用途进行规制。1916年纽约市曼哈顿区的"公平大厦案"直接推动了美国第一个综合性分区制土地管理法案——纽约市《建筑分区条例》（Building Zone Resolution）的诞生。"公平大厦"是当时世界上最大的办公大楼，在通风、采光、交通等方面严重影响周边的居住环境，引发了人们对保护居住环境、优化公共服务的强烈需求。纽约市《建筑分区条例》不同于之前以局部特定地区为限制对象的地方立法例，而是针对整个纽约市设定了土地用途、建筑高度和开放空间面积等多重规范。如此，既可以保持居民区与工商业区的距离，限制工商业区建筑对居住区的生活侵扰，又可以保障人们住宅的宽敞舒适，防止火灾的发生。不过，在传统的分区规划中居住区是排除商业用途和公寓住宅的，在人口较多的地方这种规划对居住生活来说是极为不便的。所以，分区规划后来也允许城市划出一个新的区域进行混合开发，允许住宅附近设置工作场所和商业设施。[2]

纽约市的分区制在全美起到了很好的示范作用，为推动分区制在全美的普及，美国联邦商务部在20世纪20年代先后制定了两部有关土地规划与区划的法律。第一部法律是1922年颁布的《标准州分区授权法案》（A Standard State Zoning Enabling Act），后经1924年和1926年两次修订。该法案肯定了地方政府适用分区制的合法性，明确各州可基于公共目的授权地方各级政府进行分区规划。第二部法律是1928年颁布的《标准城市规划授权

---

[1] 李泠烨：《城市规划法的产生及其机制研究——以德国和美国为中心的标志性考察》，上海交通大学2011年博士学位论文。

[2] 高新军：《美国"分区制"土地管理的由来及变化》，载《中国经济时报》2011年1月12日，第A01版。

法案》(Standard City Planning Enabling Act)，为各州授权地方各级政府进行总体规划建立了参考模式。这两部标准法案虽然都不能在实践中产生法律拘束力，仅能为各州相关立法提供模板，但事实上对地方分区制的建立起到了重要的引导效果，并确立了成立分区委员会或者规划委员会、设定土地细部控制、划定区域规划等城市土地利用管制手段。除了美国联邦政府对分区制的推动，司法实践中美国联邦最高法院的判例也支持了地方政府对土地的分区管理。"通常情况下，法院既不认为分区法案使当事人受到了不平等的对待，其造成的财产损失也并非是对当事人的特别负担，唯一能够裁定分区法案违宪的方法是证明其未遵循应有的分区流程，违反形式正当程序条款。"[1]

尽管分区规划对改善居住环境发挥了重要作用，但其对财产权排他性的强化助长了居住空间根据财产价值、收入状况形成分异甚至隔离的现象。一些地方政府甚至利用排他性分区规划排除少数族裔或者低收入人群进入居住区，例如在居住区只允许建立单户分离式的住宅从而迫使穷人望而止步。即使是联邦政府建设的公共住房，其选址也多是在居民收入较低的社区。在因排他性分区规划引发的诉讼中，法院通常运用宪法中的平等条款和公共福利条款判定没有满足地区中低收入群体住房需求的排他性规划无效，典型的就是1975年的新泽西州南伯林顿县有色人种协会诉劳雷尔山镇案。[2]另外，20世纪70

---

[1] 陈婉玲、杨柳：《美国土地管理中的分区制：源流、争论与价值》，载《中南大学学报（社会科学版）》2021年第5期，第84~85页。

[2] 参见卢超：《通过市场主体实现住房保障之国家义务——美国包容性规划法律政策的启示》，载《比较法研究》2014年第5期，第40~41页；凌维慈：《城市土地国家所有制背景下的正义城市实现路径》，载《浙江学刊》2019年第1期，第19~20页。

年代随着美国政治环境的变化和城市化程度的加速，地方政府已无法从联邦政府获取大量资助来满足公众与日俱增的住房需求。在这些背景下，通过包容性规划政策（Inclusionary Zoning Policy）让市场主体来分担原本属于国家的住房保障义务的实践应运而生。

所谓包容性规划是一种保障房搭配商品房开发建设的规划模式，即要求商品房的开发商在该开发单元区域内配建一定比例的可负担性住宅，并按照预定的限制性售价或者租金售租给中低收入家庭。包容性规划模式不仅能够减轻地方政府在住房保障上的财政压力，也有利于不同收入阶层的社区融合。该项政策最初表现为强制性配建份额，在 20 世纪 90 年代之后伴随其运用的广泛，已逐步增加了鼓励市场自愿配建的内容，例如通过容积率奖励、税费减免、加速许可程序等政策手段吸引市场主体的加入。[1]然而，在美国保守主义区域的早期司法裁判中，地方政府使用包容性规划的技术手段被认为是对私人财产权的过多限制，超越了地方政府的规划权限。而加利福尼亚州、新泽西州等地方的法院判决则显示了积极的司法能动主义，为推动包容性政策的实施发挥了重要作用，特别是影响了包容性规划设定市场激励或者利益补偿内容的制度发展形态。[2]

（三）日本：建筑自由的必要最小限度规制

日本是参考欧美的经验建立起城市规划制度的。日本最早的城市规划立法是 1888 年的《东京市区改正条例》，其制定

---

[1] 卢超：《通过市场主体实现住房保障之国家义务——美国包容性规划法律政策的启示》，载《比较法研究》2014 年第 5 期，第 34~36 页。

[2] 卢超：《通过市场主体实现住房保障之国家义务——美国包容性规划法律政策的启示》，载《比较法研究》2014 年第 5 期，第 39~42 页。

第五章　城市居住空间的法律构造与利益分配

主要是为了运用国家权力建设城市基础设施，为资本主义的发展提供积极的助力。19世纪末20世纪初，日本开始了工业和人口向城市的急速集中，与之伴随的是真正意义的城市问题。一方面，城市无序扩张，许多郊区的农地和林地被随意占用为住宅用地；另一方面，工业发展和人口膨胀导致了居住密集、居住区和工业区混合、住宅环境恶化、公共设施需求扩大等问题。为应对资本主义的发展产生的现代都市问题而登场的城市规划立法是1919年的《城市规划法》与《市街地建筑物法》。

这两部立法虽然从当时的社会状态来看具有一定的先进性，但没有实质性改变明治宪法中以私有权绝对为依据的建筑自由理念。例如，《市街地建筑物法》将城市规划区按照用途分为居住地域、商业地域和工业地域，但与美国传统的分区规划不同的是，这三个地域的建筑物用途并不是被单一限定的。在居住地域和商业地域，除了特别妨碍居住安宁和商业便利的建筑物之外，其他用途的建筑物也是被允许自由建设的。而大规模的工厂以及可能产生危险的用途的建筑物只能在工业地域建设，也可以说，在工业地域建筑物的用途是没有限制的。换言之，用途地域制度并没有对一般土地所有者的建筑自由施加多大的限制。在建筑物控制的具体指标上，日本早期的城市规划立法还参考了德国的建筑线制度，规定了建筑物的"接道义务"，也就是建筑物用地必须连接道路用地的边界线即建筑线。该项规制虽然有利于确保最低限度的道路宽度，但在郊区可能导致没有城市规划控制的土地利用转换与建设行为。这些都是缺乏"为了形成居住环境良好的住宅用地而确立土地利用与建筑规制

131

的政策性考量"[1]的体现。

二战后，伴随着20世纪60年代日本经济的高速发展，人口和产业向大都市的集中愈加显著，土地、住宅、交通、环境等都市问题愈加严重。这些都表明，依靠原本的规划法制不可能实现城市用地的总体控制。1955年《建筑基准法》取代了《市街地建筑物法》，1968年《城市规划法》进行了全面修改，为应对新法的实施，1970年《建筑基准法》也进行了修改。在新法体制下，用途地域制的详细化和义务化以及容积率规制在城市规划区域的全面适用等制度内容大致具备了现代都市法制的初始形态。[2]日本现行法中的用途地域已细分为13类，其中居住用途的地域是8类。[3]适用所有居住地域的建筑物规制包括位置、区域、建筑物的容积率以及建筑物土地面积的最低限度，而低层居住专用地域和田园居住地域的建筑物规制还包括建筑物的高度限度、建筑物的建蔽率等。

尽管日本的城市规划法制逐渐扩大了建筑不自由的领域，但仍被认为是按照国家制定的全国统一的必要最小限度的基准

---

[1] 原田純孝「『日本型』都市法の形成」原田純孝編『日本の都市法Ⅰ構造と展開』（東京大学出版会、2001年）55頁。

[2] 原田純孝「戦後復興から高度成長期の都市法制の展開——『日本型』都市法の確立」原田純孝編『日本の都市法Ⅰ構造と展開』（東京大学出版会、2001年）113-114頁。

[3] 居住用途的地域包括：①第一种低层居住专用地域：为了保护与低层住宅相关的良好居住环境而划定的地域；②第二种低层居住专用地域：主要为了保护与低层住宅相关的良好居住环境而划定的地域；③第一种中高层居住专用地域：为了保护与中高层住宅相关的良好居住环境而划定的地域；④第二种中高层居住专用地域：主要为了保护与中高层住宅相关的良好居住环境而划定的地域；⑤第一种居住地域：为了保护居住环境而划定的地域；⑥第二种居住地域：主要为了保护居住环境而划定的地域；⑦准居住地域：为了增进与道路周边区域特性相符的服务便利，同时保护与此相协调的居住环境而划定的地域；⑧田园居住地域：为了增进农业的便利，同时保护与此相协调的低层住宅良好居住环境而划定的地域。

限制土地的利用。相较于德国是以土地本身的公共性为前提开展建筑不自由的制度化，日本则是以财产权规制目的的公共性为前提对建筑自由施加必要最低限度的规制。[1]另外，不同于欧美各国在建筑不自由原则之下根据城市规划法制原则上禁止对整个国土空间的开发建设，日本的城市规划法制仅对部分城市规划区域施加土地利用限制，而且城市规划区域的指定实际上意味着城市设施等建设项目的实施可能性，具有促进土地开发建设的事实上的效果。[2]

（四）我国：从附随规制到普遍规制

新中国成立之初，在"生产型城市"的建设方针下，中央层面开始部署城市规划工作。由于20世纪50年代起我国全面实行计划经济体制，当时的城市规划只不过是国民经济发展计划在城市物质空间上的继续和具体化，"一五"期间（1953—1957年）的城市规划主要就是配合工业化建设的工业城市规划和重大项目选址。[3]1956年国家建设委员会颁布的《城市规划编制暂行办法》明确规定，城市规划编制应当遵循城市建设为工业、为生产和为居民服务的方针，遵循国民经济发展计划和社会主义原则。因此，计划经济模式的城市规划是一种为项目建设需要而设置的"附随规制"，特定项目建设的选址实际上成为规划的首要步骤，选址完成后才会进一步进行规划设计，而不是基

---

[1] 内海麻利「土地利用規制の基本構造と検討課題——公共性・全体性・時間性の視点から」論究ジュリスト15号（2015年）9頁。

[2] 高橋寿一「『建築自由・不自由原則』と都市法制——わが国の都市計画法制の一特質」原田純孝編『日本の都市法Ⅱ諸相と動態』（東京大学出版会、2001年）55頁。

[3] 黄鹭新等：《中国城市规划三十年（1978—2008）纵览》，载《国际城市规划》2009年第1期，第1~2页。

于规划的功能分区确定选址。[1]这种城市规划机制即使在1980年《城市规划编制审批办法》颁布实施之后也未发生根本改变。因工业在当时的城市建设中占据主导地位，大量城市按照工业分布的状况统筹安排职工居住区的位置以及配套的生活服务设施，形成了以"工厂+住宅"为组团的空间结构。[2]在计划经济时期的相当长一段时间内，政府在划拨住宅用地时主要是按照经济与社会建设的需要，在符合卫生条件的前提下，将住宅用地就近安排在单位内部或者附近。在这样的背景下，"城市居住空间实质上是经济生产和社会建设的依附物。"[3]在规划方法上，苏联的居住小区规划思想被引入我国，住宅区建设模式单一，采用居住面积、建设密度、人口密度、用地定额等规划指标。

在1958—1960年，许多城市为适应扩大工业建设的需要，迅速编制、修订城市规划，导致土地资源的浪费、服务设施的短缺乃至城市环境的恶化，以至于城市规划不幸陷入停滞。改革开放初期，城市规划在国家层面再次得到了重视，但仍未完全摆脱计划经济的束缚。随着20世纪80年代中后期国有土地有偿使用制度的施行，城市规划不再是为实现建设项目而制定的建设指令，而是土地使用权受让者进行土地开发和利用时必须

---

[1] 参见陈越峰：《中国城市规划法治构造》，中国社会科学出版社2020年版，第13~42页。1956年《城市规划编制暂行办法》第16条亦规定："新建工业城市，在进行城市规划设计以前，可以先由选厂工作组或联合选厂工作组会同城市建设部门提出厂址和居住区布置草图，经国家建设委员会和各有关部门同意后，作为城市规划设计的依据。"

[2] 张杨、何依：《计划经济时期的规划理性：思想、方法与空间》，载《规划师》2022年第2期，第46页。

[3] 方长春：《中国城市居住空间的变迁及其内在逻辑》，载《学术月刊》2014年第1期，第101页。

第五章　城市居住空间的法律构造与利益分配

遵循的"普遍规则",具体表现在通过土地用途、建设密度、容积率等土地使用控制指标来实施城市规划管理的控制性详细规划实践中。[1]在住房商品化的推动下,城市居住区从职住一体走向职住分离,居住区的规划设计逐渐发生了本质上的变化,开始更多地考虑居住生活环境、人们的居住行为等因素。[2]

然而,土地财政的兴起和市场化资本的注入使许多地方政府变相地出让土地、炮制各种类型和规模的规划项目,城市化进程的加速势不可当。在这种以经济增长为目标的城市规划之下,资源消耗和生态环境破坏的情况愈演愈烈。于是,从20世纪90年代后期开始,城市规划作为宏观调控和建设引导控制的法定作用进一步显现。进入21世纪,为矫正住房过度市场化导致的居住空间非正义,保障性住房配建的规划模式在地方层面纷纷出现,城市规划更加关注弱势群体的住房需求,维护社会公平。随着"人本型城市""宜居城市"等理念的倡导,城市规划作为协调空间布局、改善人居环境,促进城市可持续发展的公共政策属性不断得到加强,城市居住区的规划设计标准亦更加科学和多元。[3]

综上而言,在城市化的背景下,政府的行政职能不断扩张,对私人财产权进行土地利用规制的城市规划,从消极排除城市危险的技术手段逐渐发展为积极塑造空间秩序的公共政策。在

---

[1] 参见陈越峰:《中国城市规划法治构造》,中国社会科学出版社2020年版,第43~62页。
[2] 参见1994年施行的《城市居住区规划设计规范》(GB50180-93)。
[3] 2018年12月1日施行的《城市居住区规划设计标准》(GB50180-2018)坚持以人为本、绿色发展、宜居适度的基本原则,调整居住区分级控制方式与规模,统筹、整合、细化了居住用地与建筑相关控制指标,优化了配套设施和公共绿地的控制指标和设置规定。

这个过程中，城市居住空间的规划控制从针对具体建设行为的单向控制转变为以整体空间布局为前提的一体化控制，从排除土地利用的混杂转变为提高土地利用的复合性，更多地考虑各种利益主体的需求，集中反映了土地利用规制的公共性与整体性。无论是建筑自由还是不自由，在城市居住规划区内的土地开发建设行为都要申请行政许可，由行政机关通过对许可申请是否符合城市规划的审查实现对空间利益的具体分配。

二、住房保障制度与住房资源配置的驱动

城市居住空间的公共性塑造除了依靠对私人财产权进行合理规制的土地利用规划之外，还要与考虑住宅费用负担能力问题的住房政策产生联动。如前所述，虽然城市规划推动了居住用地的细分，但在市场机制的运作下美国一些城市的分区规划条例把大部分居住用地规划建设为面向高收入群体的低密度、大面积住房，排斥低收入群体。而在我国，虽然国有土地有偿使用制度的改革提高了城市居住区规划的规制地位，但也致使土地的价格和消费者的收入水平成为决定居住位置的决定性因素，城市居住空间分异趋势明显加强。也有人说，城市居住空间的分异是"土地使用权出让制度的必然结果"。[1]尽管住房市场的发展已成为各国经济增长的重要推动力，但住房不是简单的商品，它有着相当的公共产品属性，是享受城市公共服务的"权利凭证"[2]，住房不平等会加剧社会阶层的分化。因此，住房资源的配置并不是单纯的市场方式，还存在着中央和

---

[1] 凌维慈：《城市土地国家所有制背景下的正义城市实现路径》，载《浙江学刊》2019年第1期，第16页。
[2] 吴开泽、范晓光：《居住空间、资产载体与权利凭证：住房三重性探讨》，载《学海》2021年第5期，第130页。

地方政府形成的以公权力介入住房开发、交易、供给等为内容、旨在调整住房市场秩序、保障公民住房权利的各种政策与制度。住房是城市生活最大的空间需求，城市化的快速发展带来了城市人口对住房持续的旺盛需求，驱动着城市居住空间资源配置。住房保障是最能提升人民群众幸福感、获得感和安全感的政策性工程，深刻影响着城市居住空间结构以及开发商、房屋权利人、房屋购买者等各方的权利义务。

（一）住房保障的宪法依据

自古以来，"住"就和"衣""食""行"并列为人类生存和发展所不可缺少的重要物质条件。《世界人权宣言》《经济、社会及文化权利国际公约》《住宅人权宣言》《关于适足住房权的第4号一般性意见》等国际公约都将足够、适当的住房确认为维持相当生活水准的基础之一，承认住房权抑或住宅权是每个公民维持其生存必需的基本人权。许多国家的宪法典还明确规定了与公民住宅相关的权利与自由。[1]我国自2009年制定《国家人权行动计划》以来，一直将住房保障作为促进人民"基本生活水准权利"的重要内容。"公民的住宅不受侵犯"亦是我国现行《宪法》所承认的一项基本权利。

在法律层面上，作为基本权利的住房权究竟包含哪些内容并不明确，但通说认为不能狭义地理解住房权，仅将住房视为可居住的物理空间。公民享有的住房权是获得和选择住房以及

---

[1]《俄罗斯宪法》第25条规定：住宅不可侵犯。任何人无权违背居住者意志侵入住宅，除非是在联邦法律规定的情况下或根据法院的决定。第40条规定：每个人都有获得住宅的权利。任何人不得被任意剥夺住宅。《德国基本法》第13条规定：住所不得侵犯。《韩国宪法》第16条规定：所有国民的住处自由均不受到侵害。对住处进行没收或搜查时，要提示按检察官的申请由法官发给的令状。《南非宪法》第26条规定：每个人都有权获得适当的住房。

在住房内安全、健康、便利地生活的基本权利，是由多个子权利构成的权利体系。[1]从各国的宪法文本来看，宪法上的住房权包含自由权和社会权两个层面。自由权层面的住房权指住房不受国家权力非法侵入、搜查等权利。社会权层面的住房权指公民享有请求国家积极保障其住房的权利。《俄罗斯宪法》和《南非宪法》都规定了国家的住房保障义务，[2]使住房权具有社会权的属性。南非法院还确立了住房社会权的规范效力，承认了公民有要求国家在其可利用资源的范围内设计合理住房政策的请求权。宪法条款中的住房社会权除了明文规定之外，还有通过经济社会权利的宪法规范来涵盖住房权的形式，例如《日本国宪法》第25条[3]规定的生存权就被认为涵盖了对住房权的保障。

我国现行《宪法》第39条规定的"住宅不受侵犯"包括"禁止非法搜查或者非法侵入公民的住宅"的规范内容，凸显了住房自由权的性质，但不能简单地认为该规定仅指向自由权的内涵。事实上，我国住房问题更多地表现为房价居高，公民可负担的住房需求仅靠个人无法实现，亟待通过宪法解释明确国家的住房保障义务。其实，从权利逻辑上看，住宅不受侵犯是

---

[1] 参见金俭等：《中国住房保障——制度与法律框架》，中国建筑工业出版社2012年版，第36~39页；吴延溢：《居住自由权的构造逻辑及其法理阈限》，载《南通大学学报（社会科学版）》2020年第1期，第67~68页。

[2]《俄罗斯宪法》第40条明确公民享有住宅权的同时，还规定国家权力机关和地方自治机关鼓励住宅建设，为实现住宅权创造条件。向贫困者或法律指明的其他需要住房的公民无偿提供住宅，或者根据法律所规定的条例由国家的、市政的和其他的住宅基金廉价支付。《南非宪法》第26条在确定住房基本权利的同时，还规定国家必须在可获得的资源条件下采用合理的立法和其他措施来不断实现该权利。

[3]《日本国宪法》第25条规定：全体国民都享有健康和文化的最低限度的生活的权利。国家必须在生活的一切方面为提高和增进社会福利、社会保障以及公共卫生而努力。

以拥有住宅为前提，而住宅拥有的社会权色彩明显，国家负有积极义务为公民个体实现住宅权提供社会基础。[1]也有人认为，我国现行《宪法》第 14 条第 4 款对"国家建立健全同经济发展水平相适应的社会保障制度"的规定以及第 45 条关于物质帮助权的规定，为积极的住房保障政策提供了规范基础。[2]

(二) 住房保障制度的主要模式与类型

从历史的角度来看，住房问题及住房保障从来就是一个政治问题，不同经济体制和时代背景下有关住房问题解决的政治博弈主要产生了三种住房保障机制：[3]

第一种是计划经济体制下由国家全面保障住房的制度安排。新中国成立之初，住房供给被纳入国家统一建设、统一分配的计划经济体系，所有的城市住房都由政府和单位提供，只要是城市职工的身份通常就能享受到其所在单位的分房福利。尽管在当时政府并未在主观上意识到公民住房保障问题，也没有认识到住房是公民的人权，但提供给公民住房一直被视为政府与单位的职责与义务。[4]这种住房福利政策的弊端也是显而易见的，政府单方面地承担大量的住房建设与补贴，既负担太重，又阻断了住房资金的正常循环，加剧了居民住房困难。1978 年之后，中国住房制度改革拉开了序幕，逐步迈向了住房商品化的道路。

---

[1] 张震：《住宅自由权到住宅社会权之流变》，载《求是学刊》2015 年第 3 期，第 104~105 页。

[2] 凌维慈：《住房政策的任务分化及法律控制》，载《法商研究》2019 年第 2 期，第 54 页。

[3] 余南平、凌维慈：《试论住宅权保障——从我国当前的住宅问题出发》，载《社会科学战线》2008 年第 3 期，第 202~203 页。

[4] 金俭等：《中国住房保障——制度与法律框架》，中国建筑工业出版社 2012 年版，第 2 页。

第二种是自由市场经济体制下为应对经济危机采取的住房制度安排。在英美等国家，随着自由放任资本主义的弊端逐渐显现，政府开始承担起福利国家的角色，执行住房社会政策。譬如，美国1937年通过了首部《住宅法》，还开创了联邦政府资助公共住房的先河。不过，如前所述，这项政策取得的效果并不佳，州政府开始转向让市场主体分担国家住房保障义务的包容性规划政策。

第三种是社会市场经济体制下国家促进公共住房建设和规制住房市场相结合的住房制度安排，以德国为典型。二战后初期面对住房极度紧缺的严峻形势，德国采取了由国家出资供给住房、对市场进行大力干预的住房政策。在房荒问题得到缓解后，20世纪60年代末德国在继续促进公共住房建设的同时，逐步放松了住房市场规制。自20世纪90年代末以来，考虑到严重的财政压力和住房市场的相对饱和，德国政府不再在住房市场上推行供给政策，而是转向"居住空间促进"的政策。[1]

以上三种不同的模式及其改革、调整凸显了在住房保障这项公共任务上政府与市场的不同分工。在不同的经济、政治和社会背景下，各国对住房保障政策的选择和侧重点也不相同。从法律关系性质的角度来看，各国的住房保障政策大致可以分为以民事法律关系为中心的保障机制，以及以行政法律关系为中心的保障机制。[2]前者包括租金管制、鼓励或者委托企业组织建设保障性住房等政策，都旨在依靠民间力量改善住宅供应、调整住宅价格等，更多地以私法进行调整。后者包括国家直接

---

〔1〕 参见［德］比约恩·埃格纳：《德国住房政策：延续与转变》，左婷译，郑春荣校，载《德国研究》2011年第3期，第17~19页。

〔2〕 余南平、凌维慈：《试论住宅权保障——从我国当前的住宅问题出发》，载《社会科学战线》2008年第3期，第204~205页。

建设公共住房、给予房租补贴等政策，形成了直接的行政法律关系。总之，无论是哪种模式，住房保障政策的最终目标都是确保住房价格的可负担性和住房的可得性，从而保障中低收入人群的住房权利，其主要承担着给付行政的任务。

(三) 我国住房保障体系的发展与存在问题

随着改革开放的深入，我国逐步实施住房制度改革，推动住房商品化。这有效缓解了计划经济时期福利分房导致的住房供应不足问题，居民的住房条件也得到了改善。然而，市场机制下房价的快速上涨也给中低收入家庭带来了较大的压力。为了缓解中低收入家庭的住房困难，我国开始对不同收入家庭实行不同的住房供应政策。[1]然而，面向中低收入家庭的经济适用房、廉租房建设远远不及商品房的发展速度。为矫正住房的过度市场化发展，2007年国务院出台《关于解决城市低收入家庭住房困难的若干意见》，形成了住房市场与住房保障并重的住房供应体系，标志着保障性住房建设开始进入实质发展阶段。其实，针对不同收入阶层的住房供应体系本身就体现了一种社会政策的分异，而保障性住房制度的缺陷反而加剧了城市居住的分异。[2]我国保障性住房经历了从以经济适用房为主、到以廉租房为主、再到以公租房为主（2014年起各地公租房和廉租房并

---

[1] 1994年《国务院关于深化城镇住房制度改革的决定》（已失效）提出："建立以中低收入家庭为对象、具有社会保障性质的经济适用住房供应体系和以高收入家庭为对象的商品房供应体系。"1998年《国务院关于进一步深化城镇住房制度改革加快住房建设的通知》提出："对不同收入家庭实行不同的住房供应政策。最低收入家庭租赁由政府或单位提供的廉租住房；中低收入家庭购买经济适用住房；其他收入高的家庭购买、租赁市场价商品住房。"

[2] 徐菊芬、张京祥：《中国城市居住分异的制度成因及其调控——基于住房供给的视角》，载《城市问题》2007年第4期，第96~97页。

轨运行，并轨后统称公租房）的发展历程。[1]如今，经济适用房趋于式微，已出现了共有产权房的替代模式。在地方实践的基础上，2017年住房和城乡建设部发布了《关于支持北京市、上海市开展共有产权住房试点的意见》，明确发展共有产权房是"加快推进住房保障和供应体系建设的重要内容"。除了公租房和共有产权房之外，目前住房保障体系又新增了保障性租赁住房的形态。2021年国务院办公厅印发《关于加快发展保障性租赁住房的意见》，旨在解决新市民、青年人等群体的住房困难问题，同时提出住房保障体系的发展方向是"以公租房、保障性租赁住房和共有产权住房为主体"。

目前，我国住房保障体系的建设已经取得了一定的成效。过去的十余年是我国保障性安居工程的奋进时代，各地政府加大了对保障性住房的建设力度，通过土地供应、财政补贴等政策支持，推动保障性住房项目的落地实施。但不可否认的是，我国保障性住房制度在发展过程中尚存在部分问题，制约了住房资源的合理配置。

第一，保障性住房制度缺乏稳定性和连续性。当前，我国保障性住房的类型繁多，如廉租房、公租房、经济适用房、共有产权房等，但这些类型之间缺乏明确的衔接机制且变动较多。这导致在实际操作中，不同类型保障性住房之间的转换和过渡变得困难，影响了制度的整体效能。

第二，租赁型保障房与出售型保障房之间存在割裂现象，

---

[1] 现行有效的保障性住房基本制度主要由1994年《城镇经济适用住房建设管理办法》、2007年《经济适用住房管理办法》、2007年《廉租住房保障办法》、2012年《公共租赁住房管理办法》等构成。在公租房和廉租房并轨运行后，《廉租住房保障办法》与《公共租赁住房管理办法》的法律适用关系并不清晰。

缺乏有效的转化途径。[1]租赁型保障房如廉租房和公租房主要满足低收入家庭的居住需求，而出售型保障房如经济适用房和共有产权房则更侧重于帮助中低收入家庭实现购房梦想。然而，这两类保障房在制度设计和实际操作中相互独立，缺乏相互转化的机制。这使得一些家庭在收入状况改善后，难以从租赁型保障房顺利过渡到出售型保障房，从而影响了他们的居住稳定性和生活质量。

第三，保障性住房的规划和管理存在贫富居住分异的隔离现象。大多数保障性住房采用集中建设的方式，选址往往较为偏僻，处于城市的边缘地带。即使一些地方尝试通过商品房配建模式实现贫富混合居住，但在实践中仍然存在着商品房与保障房之间的隔离对峙和区别管理现象。这不仅影响了社会的和谐稳定，也削弱了保障性住房制度的社会效益。

第四，在保障性住房的给付上，给付的决策、基准和程序等方面还有待规范化。目前，我国保障性住房的给付标准、申请条件和审核程序等尚未形成统一规范，导致不同地区、不同部门在执行过程中存在差异和不确定性，影响了保障性住房的公平分配和有效利用。

为解决上述问题，未来我国住房保障的法治化应当出台住房保障的顶层设计，进而形成以公民住房权的保障和实现为目标，以稳步推动保障性住房的多样化发展及相互的有效衔接为重点，涵盖保障性住房的土地供应、规划选址、开发更新、申请审核、配售管理等规范的法体系。2023年国务院印发的《关于规划建设保障性住房的指导意见》提出，在大城市加大保障

---

[1] 徐红新、张爱丽：《我国住房保障的法理基础与制度完善》，载《法律适用》2021年第11期，第52页。

性住房建设和供给，提高保障性住房在住房总供给中的比例，从制定规划计划、保障用地供给、加强配套设施建设、公平公正配售、实施封闭管理、加强社区管理等方面提出了推进保障性住房建设的具体要求。此外，该意见还明确了发展保障性住房的目的之一在于助力构建"刚需有保障、改善有商品"的新格局。让保障性住房回归居住属性、主要满足基本的刚性居住需求，让商品房回归商品属性、主要满足改善性居住需求，这一策略将有助于优化城市居住空间的分配，推动形成更加公平、合理和多元化的居住格局，但仍然要警惕这两类住房出现居住空间的过度分化和隔离，确保它们在空间分布上的合理性和公平性。

三、城市居住区的空间分层与社区治理

城市土地与住房制度主要是通过城市居住空间的规划、建设与分配来协调不同群体的生活需求，主要属于城市物理空间治理的范畴。20世纪80年代以来，我国城市土地和住房要素的市场化改革为城市空间资源的配置调整注入了活力。另外，空间还具有社会关系维度的含义，空间也意味着城市治理的基本单元，空间治理也可以采取一种"逆向策略"，即通过各类社会关系的调整来解决物理空间治理的使命和任务。[1]我国住房制度的改革瓦解了以单位大院为特征的传统居住形态，随着职住一体的住房关系走向职住分离，城市整体空间中出现了居住区、工作区、商务区等相对独立的功能分区。不仅如此，住房的商品化也促使居住区内部形成了住宅、楼道、楼组、小区、社区、街区等空间分层，街区、社区等开始作为新的治理单元，互相

---

[1] 李威利：《空间单位化：城市基层治理中的政党动员与空间治理》，载《马克思主义与现实》2018年第6期，第187页。

包含的空间分层使城市居住区在空间形态上形成"圈层结构"。在这个结构中存在着住房的私人空间—小区/社区的共有空间—小区外的城市公共空间的相互叠加，由此催生了多元化的复杂权利与利益冲突，进而带来了社区治理困境。[1]

私人对住房享有的财产权不仅表明其对房屋的排他性占有，还延伸至楼道、楼组等邻里空间以及对小区内公共场所、公用设施等的共有。基于相邻权，房屋权利人在行使对房屋的占有、使用、处分、收益权限时，可以要求相邻人给予必要的便利，同时也有义务为对方行使房屋财产权提供必要的便利。随着人们对城市居住环境的要求不断提高，城市居住区相邻关系纠纷也呈现出社会化、复杂化的特点。首先是受争议的相邻范围从小区内部向外部扩展，相邻关系纠纷除了在小区内部同一单元楼的相邻房屋、相邻单元楼等之间产生，还扩展到小区房屋与小区外并不直接毗邻的建筑物之间。在现代都市生活中，各种建筑设施的兴建可能产生的风险和负外部性大幅提升，作为传统相邻法核心之物理上的毗邻要求正在逐步放宽。[2]其次是相邻人诉请保护的利益范围从日照、通风、采光等传统相邻权益扩展到城市景观权等尚未法律化的权益。当一定区域范围内的小区业主之间因建筑物类型等规划在房屋和土地利用上结成一种法律上的命运共同体时，他们对危害其居住环境的相邻建筑行为之争议，想要维护的不再是遭受相邻建筑行为侵害的个体性、具体性的利益，而是其所处区域的居住环境不被相邻建筑行为侵扰的普遍性利益。这种区域维护请求权进一步扩展了相

---

[1] 马梦岑、李威利：《房权社会与圈层结构：中国城市空间权利的兴起及其治理》，载《甘肃行政学院学报》2020年第6期，第102~110页。

[2] 成协中：《从相邻权到空间利益公平分配权：规划许可诉讼中"合法权益"的内涵扩张》，载《中国法学》2022年第4期，第161页。

邻人保护的范围,只要业主处于同一小区的建筑区域内就可以行使该权利,不必主张相邻建筑行为与自己的房屋直接毗邻。[1]相邻关系纠纷的这些变化也表明了小区业主以私法上的相邻权受侵害为由提起规划许可诉讼的局限性。

业主因房屋产权的延伸对小区共有空间的维护不仅在于排斥相邻建筑行为对居住环境的破坏,还在于抵触小区外的公共空间对小区内部空间的挤占,典型的就是市政道路与小区道路的争夺纠纷。实践中,某些小区内的道路会因为规划层面的历史遗留问题产生到底是内部路还是市政路的性质争议,有的小区甚至自行封路阻拦外来车辆通行。[2]近年来,在机动车辆的迅猛增加以及城市常住人口的不断增加下,城市公共交通的压力也不断升级。地方政府在鼓励有条件的居民小区建设对外开放的停车场的同时,也希望通过城市道路规划打通封闭管理的小区,创造更多的公共道路空间。如此,居住区道路的规划设计有必要权衡住宅小区与市政管理之间的路权分配。根据2018年施行的《城市居住区规划设计标准》(GB50180-2018),居住区道路不再划分四个等级,而是与城市道路相结合,形成了居住区内城市道路网体系和居住街坊内附属道路体系。

---

[1] 赵宏:《规划许可诉讼中邻人保护的权利基础与审查构造》,载《法学研究》2022年第3期,第96页。

[2] 在温州市鹿城区南汇街道献华小区业主委员会诉温州市鹿城区综合行政执法局、温州市鹿城区人民政府案中,原告认为涉案四处道闸所涉区域内的道路非城市道路,应纳入小区内部管理,而被告根据鹿城规划局的复函等材料,认定涉案四处道闸所涉区域内的道路属于城市道路。该案一审法院判定被告认定依据充分,而二审法院却认为,鹿城区人民政府在案涉四处道路是否纳入城市道路发展规划并按城市道路技术规范进行设计建设以及竣工验收等相关事实缺乏证据证明的情况下,直接依据鹿城规划局作出的复函认定案涉四处道路属于城市道路,未尽审查义务。浙江省温州市中级人民法院(2019)浙03行终181号行政判决书。

综上所述,"住房商品化所带来的,不仅仅是房屋产权从集体向个人的转移,更重要的是空间权利的变化"。[1]进一步而言,空间在不同主体之间的分配形成了多层次的圈层结构,每一圈层有着较为清晰的物理边界,能够划定空间归属,同时又由于互相包容存在空间利用的冲突,出现了一系列与房屋财产权相关的权利主张。特别是在私人住宅之外,城市居民也在主张一种共有性、集合性的空间权利。在城市居住区的圈层结构中,社区成为连接国与家的独立空间,重构了基层治理的基本单元。社区作为空间治理单元,具有地域性和群体性的双重特性,承载着基础设施建设与维护、环境卫生管理、公共安全保障等多样化的治理任务。有效的社区治理无疑有利于保障城市居民的居住空间权利,构筑城市居住区的空间秩序。然而,现行法并未明确社区的定位,理论上也存在对社区定位的分歧,例如"自然社区""分层社区""行政社区""共同利益社区""公民社区""法定社区",等等。[2]而民政部在2021年8月公布的《中华人民共和国城市社区居民委员会组织法(修订草案征求意见稿)》特别规定,"城市社区是一定区域内居住的居民组成的社会生活共同体,是城市基层社会治理和为居民提供服务的基本单元,一般是指依据本法设立的居民委员会开展居民自治的地域范围",这实际上是认可了社区作为空间治理单元的地位。

社区空间作为住房商品化发展下连接国与家之中介,也蕴含着代表国家、市场与居民的权力结构。居民委员会、物业公司和业主委员会是国家、市场和居民权力在社区空间内的投射,

---

[1] 马梦岑、李威利:《房权社会与圈层结构:中国城市空间权利的兴起及其治理》,载《甘肃行政学院学报》2020年第6期,第103页。
[2] 周少青:《论城市社区治理法律框架的法域定位》,载《法学家》2008年第5期,第28页。

但这三种权力尚未形成制度化的共治结构。[1]其中,居民委员会虽然在法律上被界定为自我管理、自我教育、自我服务的基层群众性自治组织,但在实际运作中始终逃不开行政化的角色。物业公司作为市场的代表,其主要职责是提供物业服务,维护社区环境。但在现实中,物业公司往往过于追求经济利益,忽视了社会责任和公共利益,这在一定程度上加剧了社区内的矛盾和问题。业主委员会则是由业主选举产生的代表机构,本应代表业主的利益参与社区治理。然而,在实际操作中,由于业主内部利益分化严重且相互间的利益冲突频繁,业主委员会也会出现难以成立或运作不畅的困境,进而使社区自治秩序无法实现,面临着需要居民委员会、街道办事处等政府力量介入的尴尬境地。[2]如何使社区空间的三种权力实现合作治理,关系着城市居民空间权利的有效保障。要解决社区自治的缺失与不足,社区治理法律制度不仅要厘清政府的边界和义务,更重要的是催生代表居民行使权利的有效组织载体,加强社区治理的多元化,推动政府、市场和社会组织等多方力量的共同参与。

本章小结

城市化进程中的居住空间问题是城市治理法治的重点与难点。土地与住房是塑造城市居住空间的重要物质条件,法律如何界定土地开发与住房建设等空间塑造中的利益分配,关系着城市居住空间秩序的构建。市场机制下土地开发的过度自由与

---

[1] 马梦岑、李威利:《房权社会与圈层结构:中国城市空间权利的兴起及其治理》,载《甘肃行政学院学报》2020年第6期,第109页。

[2] 参见王星:《利益分化与居民参与——转型期中国城市基层社会管理的困境及其理论转向》,载《社会学研究》2012年第2期,第20~33页。

第五章 城市居住空间的法律构造与利益分配

住房的过度商品化造成了城市居住空间的失序与隔离，面向私人财产权的土地利用规制逐渐转变为促进与改善城市居住空间的整体性规制，住房资源的配置机制也引入了政府对公民住房权利的保障，通过政府建设公共住房、提供住房补贴等方式提高住房的可负担性与可得性。而且，城市居住空间的土地利用规划与住房保障并不是两条互不关联的平行线，两者交叉互动才能更好地协调居住空间承载的多元利益。城市居住空间的公共性形成与控制除了公权力介入城市土地利用和住房给付等物理空间治理机制之外，还可以通过以社区为空间治理单元，调整各类社会关系来化解居住空间治理难题。这种关注社会关系维度的路径需要确定社区作为空间治理单元的法律地位，并构建国家、市场与居民三方共治社区空间的法律制度。

第六章

经营场所选址的法律规制与营业性利益的分配

经营场所是市场主体从事经营活动的平台，没有固定的经营场所，申请经营者就难以获得经营资格。我国商事登记立法无论是之前的分散体例还是如今的统一体例，都将住所或者经营场所确立为必要登记事项。但这不妨碍市场主体自主决定在何地设立经营场所，通说认为营业地点自由乃营业自由的应有之义。从我国的实际情况来看，在计划经济时期，城市土地的空间布局受制于城市整体的经济发展计划，工商业建设项目的空间选址也就受到中央计划或者行政指令的直接干预。在计划向市场的经济体制转型中，经济活动的市场化选址极大地激活了城市土地资源的空间配置，推动了城市经济空间结构的重组。[1]但另一方面，营业不是脱离周边环境孤立进行的经济活动，经营场所与设施是塑造城市公共空间的重要因素，从而产生了经营场所选址的法律规制。而选址规制直接关系着经营者能够获得多大的空间资源从事经营活动，构成了对营业性利益的空间分配。破除有碍公平竞争的地域性壁垒，保障各类市场主体获

---

[1] 付磊：《全球化和市场化进程中大都市的空间结构及其演化——改革开放以来上海城市空间结构演变的研究》，同济大学 2008 年博士学位论文。

得城市空间资源的平等机会,是构建高水平社会主义市场经济体制的迫切要求。

一、经营场所选址规制的现实需求

市场机制的运行极大地促进了实体经济的发展,各种类型的营业场所不断增加,为城市发展和市民生活注入了活力。但不容忽视的是,经营场所的选址与建设伴随着对公共资源的利用,其蕴含的各种利益冲突是市场无法有效解决的,因而产生了政府介入营业选址的现实必要性。

(一)空间供给与商业需求的失衡

营业选址是确定经营场所物理空间的土地利用活动,物理意义上的商业经营空间与城市的发展息息相关。城市的诞生,最初就是源于商品交换对于集中型空间的需求。城市的扩张,也得益于商业地产的不断开发。在现代大都市中,中心区域大型商圈的林立、特色商业街区的打造已然被视为城市繁荣的重要标志,助长了"商业圈地"风气的愈演愈烈。根据国家统计局的统计数据,截至2021年底,全国共有城市商业综合体21 700家,比2015年增加612家,城市商业综合体中独立运营的商户数共有33.1万户,比2015年增长65.1%。[1]2000—2021年全国商业营业用房的开工面积已经累计超过30亿平方米,虽然在房地产调控政策加强的背景下,2014—2021年全国商业营业用房的新开工面积逐年减少,但总体上每年仍保持着较大幅度的空间扩张。[2]

看似欣欣向荣的商业版图扩张,其背后的隐患是商业网点

---

[1] 参见 http://www.stats.gov.cn/xxgk/jd/sjjd2020/202209/t20220922_1888593.html,最后访问日期:2023年3月23日。

[2] 参见 http://www.stats.gov.cn/sj/ndsj/2022/indexch.htm,最后访问日期:2023年3月23日。

的重复建设与资源的浪费。目前,国内人均商业面积过剩,大部分大中城市的人均商业服务业设施规划用地均已超过《城市公共设施规划规范》(GB50442-2008)确立的标准。[1]另外,相对于中心城区商业空间的过度开发,城市郊区新开发社区和部分农村地区存在着基本商业配套和生活服务设施短缺的问题。商业空间在供给与需求上的失衡集中反映了经营场所盲目选址的负面后果,加强城市商业网点的规划管理、优化商业资源的空间配置也因此具有迫切的现实意义。自2001年开始,国家层面逐渐关注城市商业网点的规划工作,引导城市商业网点的合理选址与建设。[2]2022年国家发展和改革委员会发布的《"十四五"现代流通体系建设规划》将"因地制宜做好商业网点规划"纳入城市商业提升行动的要求,提出了"加强城市商圈布局规划"等完善现代商贸流通体系的具体举措。然而,虽然全国各大城市已基本完成编制商业网点规划的任务,但具体的落实情况并不理想,而且城市商业网点规划管理的法治化进程缓慢。商务部早在2004年就曾主持制定《城市商业网点规划管理条例》,但该条例一直未获出台。

(二)行业经营与生活环境的冲突

营业选址不是单纯确定经营场所空间位置的物理性行为,还具有将经营场所的经营活动融入其周围整体环境的社会性意

---

[1] 申立:《从市场配置到政府引导:城市商业服务业设施规划管理的思考》,载《城市规划学刊》2019年第3期,第75页。

[2] 相关政策文件参见2001年《国家经济贸易委员会关于城市商业网点规划工作的指导意见》、2002年《国家经贸委办公厅关于进一步做好大中城市商业网点规划工作的通知》、2003年《国家经济贸易委员会关于加强城市商业网点规划工作的通知》、2004年《商务部、建设部关于做好地级城市商业网点规划工作的通知》、2005年《商务部、财政部、建设部关于进一步做好城市商业网点规划制定和实施工作的通知》等。

第六章　经营场所选址的法律规制与营业性利益的分配

义。对消费者而言，一方面，便民、利民的经营场所能够满足公众对物质和精神生活的需求，有利于创造一个更宜居的生活环境。但另一方面，某些经营场所开展的经营活动会不可避免地存在安全隐患、环境风险等问题，给周边居民的生活招致一定程度的负面影响，从而产生"邻避效应"。随着人们对高质量生活的不断追求，实践中邻避行业的种类也在日渐增加，从垃圾焚烧、污水处理等污染类行业扩展到火葬场、墓地等心理忌讳类行业，甚至连养老机构入驻社区也遭遇了邻避冲突。

邻避行业与周边居民的冲突在很大程度上就是经营场所的选址造成的，经营场所的选址位置直接关系到产生邻避冲突的范围。从这个角度而言，政府对营业选址的干预必须充分考虑经营活动与周边居民的矛盾。当然，垃圾焚烧厂、污水处理厂等邻避设施亦是公众生活所必需的设施，政府也有义务促成这些公共设施的兴建，保障公众享受基本的社会公共服务。因此，邻避设施选址中的利益冲突是更为复杂的，涉及经营者、周边居民、政府、公共设施利用者等多方主体。

(三) 店址垄断与公平竞争的矛盾

营业选址是影响经营者效益的决定性因素之一，选址的优劣直接关系到企业的竞争与发展。特别是在零售业中，位置较佳的店址是非常重要的资源，零售业也因此被称为"选址的产业"。可以说，店铺选址是零售市场具有特殊性的垄断要素，对零售市场竞争结构的改变具有重要意义。

一方面，零售店铺在同一空间即商圈的集聚增加了对消费者的吸引力，扩大了竞争的地理范围。但是，同一商圈内同类店铺过于集中的话，不免产生过度竞争，可能导致行业萎靡不振、产品或服务质量下降，最终损害到公共利益。另一方面，对于抢占有利店址或者优质商圈的大型零售商而言，其对店址或者商圈的垄断不仅使供应商对其产生了交易上的依赖关系，客观上也限制了中小零售商进入相关市场，进而确立了其在交易中的优势地位。[1]20世纪90年代以来，随着连锁超市等零售形式在我国的引入，大型零售商对中小供应商滥收"通道费"的现象备受争议。即使大型零售商不具有市场支配地位，但其名目繁多的收费是"滥用优势地位的最集中表现"。[2]这种行为不仅会挤压中小供应商的营销渠道，也抬高了中小零售商的进货成本，使原本弱小的他们处于更加不利的竞争地位，并最终影响到消费者的福利。鉴于此，政府有必要从选址规制的角度促进良性市场竞争结构的形成。

二、经营场所选址的土地用途管制

（一）土地私有制下的用途管制与营业选址

无论是哪种营业活动，经营者都要按照营业用途选择在符合该用途的土地上设立营业地点，即营业用途不能超出土地的指定用途，这是土地用途管制的基本要求。作为土地用途管制的早期实践，美国分区规划（Zoning）制度的产生就是为了弥补市场无法应对的土地利用外部性的消极影响，避免土地利用功能混杂导致的生活妨碍。[3]作为美国区划制度的先驱，1916

---

〔1〕 吴伟达：《大型零售商滥用交易中优势地位行为的法律规制》，载《法学》2004年第12期，第62~63页。

〔2〕 王为农、许小凡：《大型零售企业滥用优势地位的反垄断规制问题研究——基于双边市场理论的视角》，载《浙江大学学报（人文社会科学版）》2011年第5期，第142页。

〔3〕 陈婉玲、杨柳：《美国土地管理中的分区制：源流、争论与价值》，载《中南大学学报（社会科学版）》2021年第5期，第85页。

第六章　经营场所选址的法律规制与营业性利益的分配

年纽约市《建筑分区条例》将城市分为居民区、商业区和工业区三个功能区，并将居民区确立为最高等级的功能区，不允许其他功能的建筑物入侵，商业用途的建筑物仅被允许存在于商业区和工业区。[1]此外，土地的分区管制极大地限制了私主体的经济活动自由，曾一度被质疑侵犯了美国宪法保障的私人财产权。1926年美国联邦最高法院在"欧几里德诉安博勒房地产公司案"中首次确认了分区制的合宪性，认为维护城市公共安全和健康的分区规划权属于警察权的合理行使范畴，支持其对私人土地开发活动的限制。虽然土地的分区管制能限制商业用途等土地利用对城市生活的负面影响，但严格的功能区分会使城市缺乏活力，不利于土地利用效益的发挥和社会的融合。[2]因此，为加强分区管制的灵活性，美国地方政府开始允许城市划定土地混合开发的新区域，[3]同时通过容积率、建筑密度等方面的奖励制度激励开发商增加公共空间，促进社会正义。由此，分区规划不再仅具有排除城市功能混杂的消极意义，也被附加了增进社会福利的积极作用。"随着美国城市化进程的发展和城市管理水平的提高，区划的目标与时俱进地从最基本的保障公众健康、安全和福利，逐渐向实现城市绿色可持续发展和社会正义方向延伸。"[4]

在德国，区划制的正式诞生可以追溯至1891年法兰克福市

---

[1] 陈婉玲、杨柳：《美国土地管理中的分区制：源流、争论与价值》，载《中南大学学报（社会科学版）》2021年第5期，第80页。

[2] 何明俊编著：《城乡规划法学》，东南大学出版社2016年版，第72页。

[3] 高新军：《美国"分区制"土地管理的由来及变化》，载《中国经济时报》2011年1月12日，第A01版。

[4] 韩文静等：《国土空间规划体系下美国区划管制实践对我国控制性详细规划改革的启示》，载《国际城市规划》2020年第4期，第90页。

制定的《分区建设法令》，其对城市进行了不同的分区，设定了不同区域的土地用途和建筑物控制要求。但这种实践也产生了警察法规对土地利用的限制是否合法的问题。过往的判例尤其以克罗伊茨贝格案的普鲁士高等行政法院判决为代表的判例主张，行政机关制定的警察法规只能基于危险防止的目的对土地利用进行限制，而为了公共福利而进行的管制必须有法律的授权，由此确立了对财产权的干预属于正式法律保留的原则。不过，普鲁士高等行政法院对于具有规划性质的警察法规并不是绝对地否定，也在个别判决中肯定警察法规有权禁止在市镇的指定区域内建设产生污染的工商企业与设施。在法律层面，直到1918年的普鲁士《住宅法》才正式授权警察机关能够对土地进行分区，对土地使用用途的种类和规模进行差别性的限制。具体而言，警察机关有权根据土地用途划定专门的住宅区、工商业区以及重污染性和危险性企业排除区，也可以根据建筑面积、建筑物高度、庭院尺寸以及闭合式或开放式的建筑方式等标准对土地进行建设分区。[1]

日本城市规划制度对土地用途的划分更为细致，将城市土地按照居住用地、商业用地和工业用地的三大系列细分为13类用途地域，其中工商业用地类型共5类，《建筑基准法》还进一步规定了每类城市用地中建筑物的用途。日本《城市规划法》第33条第1款规定的开发许可基准就包括拟建设的建筑物用途须符合用途地域的规制，使得土地用途管制可以直接约束建筑物的用途。不过，总体而言，三大用地系列的建筑物用途并不是被单一限定的，但居住用地对工商业功能的建筑物规制更严

---

[1] 李泠烨：《城市规划法的产生及其机制研究——以德国和美国为中心的标志性考察》，上海交通大学2011年博士学位论文。

格，低层居住地域内建设店铺、餐饮店等营业场所比中高层居住地域更严格。[1]对经营者而言，只要其营业场所所在地块被城市规划指定为特定的用途地域，就要受到该地域内的建筑物规制。

(二) 我国土地用途管制与营业选址

我国古代城市亦有功能分区的规划实践，坊市制就是将城市的居住区和商业区进行规划布局的一种形式，但其目的在于更好地维护封建统治，确保传统城市的政治性或者军事性地位。虽然随着坊市制被打破，城市格局从古典封闭转向近代开放的过程中传统商业活动得到一定的发展，但总体而言商业不是城市的主要功能。新中国成立之后，在社会主义改造和计划经济体制下，工业用地利用率高，而商业用地在城市建设中所占比例很小，主要运用在居住区的配套设施建设中。改革开放之后，市场经济的发展极大地推动了城市商业活动的活跃和丰富，商业用地开始被纳入城市规划关注的问题，并逐渐成为独立的城市建设用地类型。[2]

我国《土地管理法》明确规定，使用土地的单位和个人必须严格按照土地利用总体规划确定的用途使用土地；未经批准，不得改变土地利用总体规划确定的土地用途。《城乡规划法》第35条进一步确定了对公共规划用地的保护，"城乡规划确定的铁路、公路、港口、机场、道路、绿地、输配电设施及输电线路走廊、通信设施、广播电视设施、管道设施、河道、水库、水源地、自然保护区、防汛通道、消防通道、核电站、垃圾填埋场及焚烧厂、

---

[1] 参见肖军：《日本城市规划法研究》，上海社会科学院出版社2020年版，第59~68页。

[2] 在1991年施行的《城市用地分类与规划建设用地标准》(GBJ137-90)中，商业用地是公共设施用地(C)的一个类别，而在2012年施行的新标准中，商业服务业设施用地(B)从公共设施用地中分离出来，成为独立的城市建设用地类型。

污水处理厂和公共服务设施的用地以及其他需要依法保护的用地,禁止擅自改变用途"。此外,一些单行法也从生态环境保护等角度设定了相关营业禁设区域,防止生态环境、居住等规划用地受到相关营业活动的侵入。例如,《中华人民共和国固体废物污染环境防治法》第 21 条、《畜禽规模养殖污染防治条例》第 11 条等。

根据《土地管理法》《城乡规划法》等规定,开发商使用城市建设用地进行土地开发的,在国有土地使用权出让前,有关城市规划主管部门应当依据控制性详细规划,提出出让地块的位置、使用性质、开发强度等规划条件,作为国有土地使用权出让合同的组成部分;开发商应当按照土地使用权出让等有偿使用合同的约定使用土地;确需改变该幅土地建设用途的,开发商应当经有关人民政府自然资源主管部门同意,报原批准用地的人民政府批准,如果是在城市规划区内改变土地用途的,在报批前,还应当先经有关城市规划主管部门同意。《城市房地产管理法》第 18 条亦规定,土地使用者需要改变土地使用权出让合同约定的土地用途的,必须取得出让方和市、县人民政府城市规划行政主管部门的同意,签订土地使用权出让合同变更协议或者重新签订土地使用权出让合同,相应调整土地使用权出让金。从这些规定可知,法律原则上禁止改变土地用途行为本身,仅在不违反现有规划且履行法定程序后才能改变土地用途。

虽然我国土地用途规制直接约束的是建设单位的土地开发活动,但土地用途或者说土地使用性质会直接影响到该土地上建筑物的使用性质,如果是使用此建筑物从事经营活动,自然也要受到土地用途的规制。基于房地一体原则,房屋用途受到土地用途及规划设计用途的限制。《民法典》第 279 条规定,业主不得违反法律、法规以及管理规约,将住宅改变为经营性用

第六章　经营场所选址的法律规制与营业性利益的分配

房。业主将住宅改变为经营性用房的，除遵守法律、法规以及管理规约外，应当经有利害关系的业主一致同意。《商品房屋租赁管理办法》第6条第3项亦规定，违反规定改变房屋使用性质的房屋不得出租。

那么，哪些用途的土地可以用于从事经营活动呢？在国土空间"多规合一"改革之前，城乡建设部门和土地管理部门都在各自领域形成了土地用途的分类标准，分别为《城市用地分类与规划建设用地标准》《土地利用现状分类》。除此之外，在主体功能区规划、自然保护区规划、水土保持规划等编制部门不同、功能重点各异的各项规划中，均存在以"分区"为单元的土地用途管制规则。[1] 为统一土地分类标准，推进土地利用规划、城乡规划等有机融合，自然资源部办公厅在2020年印发了《国土空间调查、规划、用途管制用地用海分类指南（试行）》，对现有土地分类进行了整合归并。但无论是"多规合一"改革之前还是改革之后，土地利用分类都是按土地使用的主要性质或者说主要功能进行划分的，也就是说允许土地功能的混合开发。进一步而言，在地块原规划用地性质上，兼容其他一种或几种用地性质，并明确可兼容的比例。这是为了增强规划用地弹性，提高用地效率，符合市场经济下土地的复合功能属性。如此一来，经营活动可以适用的土地类型就相对宽泛了。根据《城市、镇控制性详细规划编制审批办法》第10条，土地使用性质及其兼容性等用地功能控制要求是控制性详细规划的首要基本内容。从各地的城市规划用地兼容性规定来看，某些类型的商业服务业设施用地可以在一定程度上与居住用地、行政办公用地等部

---

[1] 韩文静等：《国土空间规划体系下美国区划管制实践对我国控制性详细规划改革的启示》，载《国际城市规划》2020年第4期，第91页。

分兼容，而批发市场、加油加气站等设施通常是禁止使用居住用地、工业用地。当然，也有一些规划用地因具有极强的公共性和排他性，只能作为单一性质用地予以刚性保障，例如城市"五线"控制范围内的规划用地等，这些当然也属于营业限制地域。

三、经营场所选址的距离规制

经营场所的选址在确定土地的用途能够允许或者兼容营业用途之后，还要进一步考虑一定地域内该场所与其他建筑设施的相邻关系，以确保其他建筑设施的利用不受营业活动的负面影响。基于此，通过一定的规制距离，协调经营场所与相邻设施的空间关系成为一种政策选择。

（一）与保护设施的距离规制

鉴于某些营业活动会对周边的公共管理与服务设施的利用产生不良影响，有碍健康良好的工作学习环境，法律上通常要求娱乐场所、网吧、烟草制品零售点等经营场所不得设立在（中小）学校、医院、机关等设施场所的"周围"。[1] 这种禁止性规范划定了一定范围的营业限制地域，为相关营业场所与周边公共设施之间的距离规制提供了法律依据。还有一类距离规制规定是为了保障公众的生命健康安全，要求危险物品的经营场所与周边居住场所等建筑设施保持"安全距离"。[2]

---

〔1〕 参见《娱乐场所管理条例》第7条第1款第2项、《互联网上网服务营业场所管理条例》第9条、《烟草专卖许可证管理办法》第25条第2项，等等。《中华人民共和国未成年人保护法》第58、59条亦规定，学校、幼儿园周边不得设置营业性娱乐场所、酒吧、互联网上网服务营业场所等不适宜未成年人活动的场所以及烟、酒、彩票销售网点。

〔2〕 参见《中华人民共和国消防法》（以下简称《消防法》）第19条第1款、《安全生产法》第42条第1款、《烟花爆竹安全管理条例》第17条第2项，等等。

第六章　经营场所选址的法律规制与营业性利益的分配

值得注意的是，我国单行法对"周围"的具体标准有不同的规定。《互联网上网服务营业场所管理条例》明确了"周围"的最短距离，即中小学校周围200米范围内不得设立互联网上网服务营业场所，"周围200米范围内"的测量方法是"自中学、小学围墙或者校园边界的任意一点向外沿直线延伸200米的区域"。[1] 而《娱乐场所管理条例》《烟草专卖许可证管理办法》都没有明确"周围"的距离标准。[2] 不过，实践中地方烟草专卖管理机关通常是在当地的烟草制品零售点合理布局规划中具体规定中小学校周围的距离标准，各地已形成了30米、50米、100米等不统一的最短间距。法律法规也鲜少对"安全距离"作出数值上的规定，其具体规定主要出现在相关国家标准或行业标准中。[3]

无论距离标准的多少，与营业场所的距离限制无疑使周边公共设施在特定地域范围内居于受保护的地位。那么这种保护是抽象的公共利益保护吗？类似地，日本现行法也对麻将馆、电子游戏厅等风俗营业场所设定了与学校、图书馆、医院、诊

---

[1] 国务院法制办公室对《文化部关于提请解释〈互联网上网服务营业场所管理条例〉有关条文的函》的复函（国法函〔2003〕188号）。

[2] 《文化部关于贯彻〈娱乐场所管理办法〉的通知》规定，娱乐场所设立地点可以根据申请人提交的设立场所地理位置图界定，地理位置图应当至少能反映经营场所周边200米以内主要建筑分布情况。据此，行政审判实践中有的法院将《娱乐场所管理条例》规定的"周围"确定为周围200米以内。参见海南省儋州市人民法院（2019）琼9003行初21号行政判决书。

[3] 例如，《建筑防火通用规范》（GB55037-2022）、《建筑设计防火规范》（GB50016-2014，2018年版）都规定了火灾危险性较高的厂房和仓库与人员密集场所、高层民用建筑的最短防火间距；《危险化学品经营企业安全技术基本要求》（GB18265-2019）规定了危险化学品仓库和商店选址的外部距离，包括爆炸物库房与防护目标至少保持1000米的距离，以及危险化学品商店禁止选址在人员密集场所、居住建筑物内等要求。

所等公共设施之间的距离规制。日本最高法院将这种距离规制解释为保护设施设置者在良好安静的环境中顺利运营业务的个别性利益，肯定设施设置者作为行政第三人对营业限制地域内的营业许可提起撤销诉讼的原告资格。[1]同样地，日本现行法也将居住集合地域确立为风俗营业的限制地域，但判例上仅将居住集合地域内居民受保护的利益视为一般的公共利益，否定了居民个人争讼风俗营业许可的原告资格。[2]营业限制地域内的设施设置者和居民之所以有这种不同的诉讼境遇，是因为两者受保护的"条文构造"不同。即对"距离限制规定"保护的设施设置者肯定个别性利益的保护性，对用途地域保护的居民否定个别性利益的保护性。[3]但这样的判例法理也引发了不少批判。其一，比起距离限制规定，用途地域规定是无论多少间隔都要在指定用途的地域内禁止相关营业活动，其对营业自由的规制更为严格，但判例上不允许对这种严格规制的违反提供司法救济机会是不合理的。[4]其二，距离限制规定实际上保护的是设施利用者的经济性利益，而该利益事实上由设施设置者代表，在设施利用者的利益与营业附近居民的利益之间没有差别时，没有理由不认可附近居民的原告资格。[5]其实，在现实生活中，相对医院、机关等设施而言，娱乐场所、网吧等经营活动与附近居民的利害关系更大。在我国，鲜有设施设置者对

---

[1] 日本最高法院1994年9月27日判决，判例时报1518号10页。
[2] 日本最高法院1998年12月17日判决，判例时报1663号82页。
[3] 田中謙「風俗営業許可と第三者の原告適格」高木光、宇賀克也編『行政法の争点』（有斐閣、2014年）361頁。
[4] 阿部泰隆『行政訴訟要件論——包括的・実効的行政救済のための解釈論』（弘文堂、2003年）60頁。
[5] 野呂充「判批」法学教室226号（1999年）136頁。

违反距离限制的营业场所提起行政争议。在一起小学生起诉文化行政部门同意筹建网吧的行政案件中，审理法院以网吧尚未获得经营许可，被诉筹建审批行为对原告的权利义务尚未产生实际影响，属于不可诉的行政行为为由驳回了原告的起诉。换言之，该案肯定了学生作为学校设施利用者对违反距离限制的网吧经营许可提起行政争讼的资格。[1]

(二) 同类营业的距离限制

从德国药房案、日本药事法案等宪法诉讼实践来看，早期产生争议的营业距离限制主要是针对一定地域范围内的同类营业准入活动。即从事同类营业活动的经营场所之间须满足一定的距离要求，不符合这种距离限制，新申请的营业就得不到许可，这使得现有经营者实质上会获得在一定地域范围内独占的经营地位。从这个角度而言，针对同类营业准入的距离限制的直接目的是纾解无序竞争导致的资源配置不合理问题。不过，相较土地用途规制、经营场所与保护设施的距离规制而言，基于竞争规制的同类营业距离限制往往并没有法律上的明确要求，在实践中通常是在地方规范性文件中表现为衡量经营场所合理布局的具体指标。

从我国的立法实际来看，根据《中华人民共和国烟草专卖法实施条例》（以下简称《烟草专卖法实施条例》)、《印刷业管理条例》、《娱乐场所管理条例》、《互联网上网服务营业场所管理条例》、《烟花爆竹安全管理条例》等单行法的规定，从事相关经营活动要符合经营场所的（合理）布局要求。这些单行法都将相关经营场所的布局要求授权给行政部门规定，但有的是

---

[1] 广西壮族自治区容县人民法院 (2019) 桂 0921 行初 7 号行政裁定书。

授权给县级以上行政部门,[1]有的是授权给省级或者中央行政部门。[2]行政机关享有细化相关经营场所布局标准的广泛裁量权,同类营业相邻经营场所的最短间距逐渐成为合理布局的一个衡量指标。

在德国药房案、日本药事法案中,包含距离限制的药店合理布局规制被解释为一种防止未然危险的消极性、警察性目的规制措施,违反距离限制将导致药店竞争的激化—药店经营的不稳定—不良医药品供给的危险—国民生命健康的危害的立法考量被认定为并非有确实根据的合理性判断。[3]与之相对,为保护社会上或者经济上弱势群体而课以的距离规制被视为一种积极目的规制,控制中小企业之间过度竞争的选址规制立法在判例上通常被认为具有合宪性。例如,日本1959年的《零售商业调整特别措施法》以合理确保零售商的营业机会、除去阻碍零售商业正常秩序的要因,进而实现国民经济的健全发展为目的,对零售市场实行许可制,并将是否构成过度竞争作为许可审查的首要内容。日本最高法院指出,这种允许距离限制的许可制牺牲了一般消费者的利益,积极地赋予了零售商在流通市场的独占性利益,是国家从促进社会经济协调发展的角度采取的一种中小企业保护政策。[4]类似地,日本最高法院对烟草零售许可的合理布局规制也作出了合宪判决,将其规制目的解释为

---

〔1〕 参见《烟花爆竹经营许可实施办法》第4条和第16条第1项、《烟草专卖许可证管理办法》第13条第3项和第15条。

〔2〕 参见《印刷业管理条例》第9条第2款、《互联网上网服务营业场所管理条例》第8条第3款、《娱乐场所管理条例》第8条。

〔3〕 德国药房案判决,参见蒋红珍:《职业自由限制与比例原则适用——读德国"药房案"判决》,载《中国法学会行政法学研究会2010年会论文集》;日本药事法案判决,参见日本最高法院1975年4月30日判决,民事判例集29卷4号572页。

〔4〕 日本最高法院1972年11月22日判决,判例时报687号23页。

第六章　经营场所选址的法律规制与营业性利益的分配

保护小规模经营者和身体残疾者等零售经营者利益的积极性目的。[1]

市场是瞬息万变的，同一行业在不同时期的经济境遇是不同的，为了防止无序竞争而产生的合理布局规制也并非一成不变。第一，合理布局规制不再单一地作为调节竞争的手段。在20世纪五六十年代，超市、购物中心等大型零售业态发展迅猛，其规模大、商品种类全等优势极大地冲击了中小零售商的利益。日本1956年的《百货店法》与1973年的《大规模零售店铺法》、法国1973年的《商业与手工业法》等都是为了控制大型零售店铺的盲目扩张，保护中小业主的营业机会而制定的。但是，这些立法并没有取得理想的实施效果，反而造成商业竞争的恶化。在经济全球化的影响下，规模化、连锁化的大型商业设施更加普及，其设立给地域社会产生的影响愈加明显。日本在1998年以《大规模零售店铺选址法》取代了原来的《大规模零售店铺法》，从促进大型店铺与地域社会融合的角度规制大型店铺的选址。法国1996年修订《商业与手工业法》时也改变了旧法单一的竞争规制目的，在商业设施的设立审批上增加了新设立的商业设施是否对周边环境造成影响的审查内容。[2]

第二，包含距离限制的合理布局规制是属于积极目的规制还是消极目的规制的法解释，亦会随着相关行业的发展产生变化。日本公共浴室距离限制的法解释就集中体现了不同时代下

---

[1]　日本最高法院1993年6月25日判决，裁判集民事169号175页。东京地方法院在2008年5月23日的判决中指出，虽然便利店、自动售卖机零售烟草制品有增加的趋势，但不足以证明烟草零售许可的合理布局规制的立法事实有显著的变化。

[2]　参见2006年2月1日《商务部办公厅关于印发〈法国商品市场建设与管理的经验与启示——商务部赴法高级研讨班考察报告〉的通知》。

立法事实的变化。日本最高法院在1955年对公共浴室的合理布局规制作出了合宪判断，将公共浴室界定为多数国民日常生活不可或缺的民生设施，进而将合理布局规制的目的确定为防止公共浴室的分散和滥设产生的对"国民保健以及环境卫生"的危险。[1]不过，在20世纪60年代日本公共浴室行业发生了很大的变化，公共浴室经营者的法律地位也迎来了转变的契机。随着家庭浴室的普及，公共浴室已经明显减少，但对于没有家庭浴室的居民而言公共浴室仍然是日常生活中必不可少的民生设施，因而日本强化了扶持保护现有公共浴室的政策。在此背景下，日本最高法院在1962年的判决中表明，公共浴室的合理布局规制无疑主要是为了国民保健以及环境卫生这一公共福祉，但同时不可否认的是，避免公共浴室的滥设具有防止招致无意义的竞争，不让既有经营者陷入不合理经营的意图。[2]据此，公共浴室的合理布局规制被解释为并不是把既有经营者营业上的利益作为单纯的事实上的反射性利益予以保护，而是作为"法律上的利益"予以保护，既有公共浴室经营者也被肯定了作为营业许可第三人提起行政诉讼的原告资格。在该判决中，公共浴室合理布局规制的目的也包含保护既有经营者经济性利益的"积极目的"，这不同于1955年判决仅把合理布局规制视为单一的消极目的规制。1955年判决的30多年后，日本公共浴室行业更加不景气，但为了满足少数人对公共浴室的利用需求，仍然有必要确保公共浴室的经营。因此，日本最高法院在1989年仍然对公共浴室的合理布局规制作出了合宪判决，但结合当时公共浴室经营困难的事实，把该规制解释为积极目的、政策

---

〔1〕 日本最高法院1955年1月26日判决，刑事判例集9卷1号89页。
〔2〕 日本最高法院1962年1月19日判决，民事判例集16卷1号57页。

第六章　经营场所选址的法律规制与营业性利益的分配

性目的规制，即防止既有公共浴室因经营困难放弃经营，保障公共浴室健全稳定的经营，维持国民的保健福祉。[1]日本最高法院在同年的公共浴室营业不许可撤销诉讼中更加全面地阐述了公共浴室经营的困境，进一步强调了合理布局规制对于保障既有公共浴室经营安定的正当性。[2]至此，公共浴室经营者因防止过度竞争的距离限制获得了法律地位的提升。

值得对照的是，《中华人民共和国药品管理法》（以下简称《药品管理法》）在 2001 年修订时曾增加了药店设置的合理布局原则。2001 年原国家药品监督管理局印发的《零售药店设置暂行规定》（已失效）第 7 条规定，药店设置的合理布局规定由省（区、市）药品监督管理局组织制定。为防止药店扎堆经营、发展过滥和恶意竞争，一些地方把药店间距限制确定为合理布局最主要的表现形式，全国大体形成了坚持限制、始终开放、渐次开放、限制摇摆等类型。[3]在药店设置的距离限制下，一定地域范围内既有药店经营者亦被认为与新开药店的营业许可具有法律上的利害关系，具有作为行政第三人提起行政诉讼的原告资格。[4]不过，2019 年修订的《药品管理法》又删除了药店设置的合理布局原则。之所以要删除，是因为"这一原则在实际操作中很难把握，自由裁量幅度过大，并且与市场调节原则不符"。[5]在此修订精神下，2020 年 11 月，国务院办公厅印

---

[1]　日本最高法院 1989 年 1 月 20 日判决，刑事判例集 43 卷 1 号 1 页。
[2]　日本最高法院 1989 年 3 月 7 日判决，判例时报 1308 号 111 页。
[3]　赵林：《药店布局——"距离产生美"》，载《中国食品药品监管》2010 年第 12 期，第 61 页。
[4]　参见河北省唐山市中级人民法院（2015）唐行终字第 293 号行政裁定书。
[5]　许安标：《〈药品管理法〉修改的精神要义、创新与发展》，载《行政法学研究》2020 年第 1 期，第 10 页。

发的《全国深化"放管服"改革优化营商环境电视电话会议重点任务分工方案》亦明确提出，优化药店开设审批，督促地方清理对开办药店设定的间距限制等不合理条件。这一变化说明，既有药店经营者的经济性利益不再是颁发药品营业许可时应当予以考虑和保护的法益，其与新开药店的营业许可不再被认为具有法律上的利害关系。[1]

四、我国选址规制中营业性利益的保护课题

土地用途管制和距离规制直接抑或间接地对经营场所的选址自由形成了一定的限制，亦是对一定地域范围内营业性利益与生活环境利益之间、营业性利益之间的空间调整与分配发挥了重要作用。对作为土地或者房屋权利人的经营者而言，其因选址规制而被分配、调整的营业性利益并不一定就具有提起行政争讼资格的法律地位，特别是为了维护居住生活环境而限制营业地域的选址规制往往被认为具有正当性，营业性利益的保护尚存在诸多困境。

（一）营业限制地域的行政裁量

1. 缺乏上位法依据的营业限制地域

对经营者而言，只要不是法律上禁止或者限制的营业地域，可以自由地选择设立经营场所的地点。如前所述，法律上的土地用途管制和距离规制都在一定程度上划定了相关营业活动的限制地域，抑或为行政执法中营业限制地域的设定权限提供了依据。然而，在实践中仍然存在行政机关在缺乏上位法依据的情况下变相设定营业限制地域的做法。例如，2019年邯郸市永年区大气污染防治工作领导小组办公室印发的《邯郸市永年区

---

[1] 参见南昌铁路运输中级法院（2020）赣71行终518号行政裁定书。

第六章　经营场所选址的法律规制与营业性利益的分配

大气污染防治示范区精细化管控暂行方案》，在缺少法律法规依据的情况下，擅自划定限制餐饮行业进入的区域。在实际操作中，邯郸市生态环境局永年区分局对涉及油烟的餐饮企业核查是否符合环保要求时，主要核查其是否位于限制区域内，对在控制范围内的，一律不予办理或认可。[1]

2. 营业限制地域的过度裁量

营业限制地域所覆盖的空间范围既可以是某类建筑物，也可以是某段距离，还可以是整个区域。以《娱乐场所管理条例》第7条为例来说，其设定的营业限制地域就涉及"点—线—面的多层规制"。该条列举的"居民楼、博物馆、图书馆和被核定为文物保护单位的建筑物"是对娱乐场所使用建筑物的用途的限制，"学校、医院、机关周围"是对娱乐场所与这些设施的距离限制，"居民住宅区""车站、机场等人群密集的场所"等情形是对整个区域内都不得设立娱乐场所的限制。显然，基于整个区域的"面"的选址规制对经营场所选址的限制更为严格。然而，实践中存在行政机关在执行选址规制立法时任意扩大法定营业限制地域范围的现象。例如，《中华人民共和国大气污染防治法》（以下简称《大气污染防治法》）第81条第2款规定，"禁止在居民住宅楼、未配套设立专用烟道的商住综合楼以及商住综合楼内与居住层相邻的商业楼层内新建、改建、扩建产生油烟、异味、废气的餐饮服务项目"。这是一种融合了土地或者建筑物用途管制以及距离规制的营业选址规制，并未将更广范围的居民住宅区设定为餐饮服务场所的禁设区域，但现实中存

---

[1] 国家发展和改革委员会《违背市场准入负面清单典型案例及处理情况通报（第1期）》案例8"河北省邯郸市永年区以治理大气污染为名，变相增设餐饮业个体工商户营业执照申领条件"。

在将禁设区域扩大到居民住宅区的做法。[1]

再如,《烟花爆竹经营许可实施办法》第 16 条第 4 项规定,烟花爆竹零售场所应当与加油站等易燃易爆物品生产、储存设施等"重点建筑物"保持 100 米以上的安全距离。在南通市港闸区行政审批局与南通市朝阳生活用品公司撤销不予行政许可决定案中,许可机关认为申请经营烟花爆竹的场所与其相邻的面粉厂厂区未达到 100 米以上的安全距离,该面粉厂厂区属于前项规定中的"重点建筑物"。而该案法院指出,面粉厂厂区是指某个区域范围,与"重点建筑物"或"建筑物"明显不是同一概念。[2] 换言之,该案行政机关在"重点建筑物"的裁量认定上暴露了将营业限制地域扩大到整体区域的问题。

3. 营业限制地域的裁量基准

当经营场所选址的距离规制是基于立法上的"合理布局"条款时,为执行该条款,行政规范性文件对相关经营场所的合理布局设定间距等标准,这在性质上属于裁量基准。举例来说,《烟草专卖法实施条例》第 9 条第 3 项规定,取得烟草专卖零售许可证应当符合烟草制品零售点"合理布局"的要求;《烟草专卖许可证管理办法》第 15 条第 1 款还规定,零售点的合理布局应当考虑辖区内的人口数量、交通状况、经济发展水平、消费能力等因素,并在举行听证后确定。但是,这些规定并不能给烟草专卖许可机关审查合理布局的要求提供具有可操作性的标准。由此各地相继出台烟草制品零售点合理布局管理规定,邻

---

[1] 例如,2023 年《大兴安岭地区市场监督管理局关于市场主体住所(经营场所)禁入区域与行业限制清单》、2021 年《齐齐哈尔市市场主体住所(经营场所)禁入区域与行业限制清单》,等等。值得肯定的是,齐齐哈尔市 2023 年调整的新清单不再一律将"居民区内"设定为产生油烟、异味、废气的餐饮服务项目的禁入区域。

[2] 江苏省南通市中级人民法院(2017)苏 06 行终 380 号行政判决书。

近零售点的最短间距逐渐成为合理布局的一个衡量指标。从形式上看，制定合理布局标准是履行法律法规赋予的职权，往往不被认为是重新设置新的行政许可，合法有效的合理布局标准成为辖区内烟草专卖零售许可证发放的依据。[1]然而，在地方的合理布局管理中，烟草制品零售点最短间距的具体要求各有千秋。既有设定统一标准的，[2]也有结合区域特征设定不同标准的，甚至还有摇摆不定型的，间距限制从有到无或者从无到有，合理布局的裁量基准变动性很大。[3]同时，烟草制品零售点的间距控制在现实操作中并非绝对的硬性指标。各地方制订的合理布局标准往往会规定可以不予适用或者弹性适用间距限制的情形，例如对残疾人等社会弱势群体以及对一些业态新、经营能力强、有政策扶持需要的企业等放宽烟草专卖零售许可标准。[4]这些均导致作为烟草专卖零售许可条件的间距限制在具体设计上有极大的任意性，亦引发了很大的争议。

（二）经营者的信赖利益

城市规划中的土地用途管制通常是将城市用地划分为居住

---

[1] 参见广西壮族自治区田林县人民法院（2014）田行初字第3号行政判决书、安徽省郎溪县人民法院（2018）皖1821行初8号行政判决书。

[2] 例如，2021年沈阳市烟草专卖局发布的《沈阳市烟草制品零售点合理布局规定》第10条、第14条设定了一般情形下烟草制品零售点50米的最短间距。

[3] 例如，自2020年以来，南京市烟草专卖局制定的《南京市烟草制品零售点布局管理规定》已经过2021年、2023年两次修订，2020年施行的版本对不同区域的零售点设置仅设定了数量上限，未设定最短间距，而2021年、2023年施行的版本增加了最短间距的要求。也许是意识到修订频繁的现象，2023年施行的版本明确了新规定有效期为5年。《烟草专卖许可证管理办法》第15条规定，烟草制品零售点合理布局规划和经营场所条件由县级以上烟草专卖局制定，但南京市人民政府也印发了《南京市烟草制品零售点布局管理规定》（宁政规字〔2018〕3号），其适用范围和零售点布局指标与南京市烟草专卖局的新版规定都有所不同。

[4] 例如，《哈尔滨市烟草制品零售点合理布局规定》（哈烟专〔2022〕116号）第6、7条。

区、商业区、工业区等功能，并针对不同地域中的建筑行为设定用途、高度、容积率等规制，从而实现城市土地的有序开发。在土地用途管制之下，营业地点不能设置在与营业用途不相容的规划用地内，经营者不得擅自改变土地用途开办营业场所。但是，土地的用途亦是土地使用权的价值体现，是土地使用权受让人的期待利益，过于强调土地用途的管制性，也将损害经营者作为土地或者房屋权利人的合法权益。如果行政机关因公共利益需要调整用地规划，特别是将建设用地变更为非建设用地，致使经营者等土地权利人难以按照预期的用途继续使用土地的，在不具有法定阻却补偿事由的情况下，应当对土地权利人给予相应补偿。[1]根据《闲置土地处置办法》第8条第1款第2项的规定，因土地利用总体规划、城乡规划依法修改，造成国有建设用地使用权人不能按照国有建设用地使用权有偿使用合同或者划拨决定书约定、规定的用途开发等情形导致土地闲置的，有关行政部门无偿收回土地也是有违信赖保护原则的。

此外，在经营者已经取得生产经营许可，却又因土地用途管制致使经营场所恰好位于营业限制地域而被迫关闭、搬迁的情况在实践中也屡有发生。有权划定营业限制地域的行政机关应当根据《行政许可法》第8条所体现的信赖保护原则与精神，对行政许可因环境保护等公共利益需要被变更或撤回而遭受损失的合法经营者依法给予补偿。[2]因经营场所的距离规制而导致经营者信赖利益受损的情况亦不少见，尤其是在距离标准或

---

〔1〕 参见山东省高级人民法院（2019）鲁行终1937号行政判决书、广西壮族自治区高级人民法院（2020）桂行终1772号行政判决书。

〔2〕 参见2014年最高人民法院公布的人民法院环境保护行政案件十大案例之一"苏某华诉广东省博罗县人民政府划定禁养区范围通告案"，贵州省遵义市中级人民法院（2020）黔03行初28号行政判决书。

第六章　经营场所选址的法律规制与营业性利益的分配

客观情况发生变化导致娱乐场所等经营场所与学校或医院、机关的间距不再符合法定条件而引发的行政争议颇多。对此，为了公共利益而变更或撤销尚在有效期内的娱乐场所等经营许可时，行政机关应当补偿经营者基于信赖利益受到的损失。如果是许可证期满的娱乐场所等经营许可，即使因新的距离标准不符合间距条件而不予延续，[1]也宜给予经营者一定宽展期，以确保经营者有合理时间选择新地址重新申领许可证而继续从事相关经营。[2]实践中还存在因行政机关和经营者的混合过错导致经营场所无法营业的情形，典型的就是范某运、范某动诉山东省邹平县建设局规划许可暨行政赔偿案。[3]在该案中，邹平县魏桥镇政府的职能部门收取了原告的土地审批费和规服费，邹平县建设局为原告办理规划许可证，致使原告对政府机关产生了信赖基础，认为即将建设的加油站能够营业。而原告在手续不全的情况下进行加油站的施工建设，其信赖利益存在瑕疵。该案法院援用了"主观过错性审查标准"来明确经营者信赖利益的保护必要及其程度。[4]

（三）违反土地用途管制的租赁合同效力

在现实中，未经批准占用农用地进行营业活动，或将农用地转包给他人进行商业经营的案例并不少见。在城市建设用地

---

[1]《烟草专卖许可证管理办法》第33条规定："烟草专卖许可证有效期届满需要继续生产经营的，因生产经营能力、条件发生重大变化导致不符合法定条件的或者有严重违法行为的，不予延续。"

[2] 参见浙江省温州市中级人民法院（2019）浙03行终883号行政判决书、吉林省吉林市中级人民法院（2019）吉02行终147号行政判决书。

[3] 参见最高人民法院行政审判庭编：《中国行政审判指导案例》（第1卷），中国法制出版社2010年版，第151~155页。

[4] 王子晨：《论行政语境下的信赖保护原则》，载《江西社会科学》2021年第11期，第197页。

的使用上,"住改商""厂改商"等违反房屋、土地使用性质的问题也是比较突出的。擅自将住房改为经营性用房出租,擅自将工业用地上的厂房改为商铺出租的话,租金会相对便宜,这容易吸引市场商户租赁。但是,这会破坏相关地块的市场整体布局规划,影响既有市场主体的利益。商户未意识到房屋或者土地性质风险就租赁改造后的商铺,也会招致后续的经营风险。

我国现行法并未明确未经批准改变土地用途,将土地或者土地上的房屋出租用于商业经营的租赁合同效力。在司法实践中,这一问题的判断是存在分歧的。一种观点认为租赁合同因违反国家强制性法律规定而无效。在王某琛与毛某房屋租赁合同案中,法院就判定涉案租赁合同将工业用地上房屋改为商用,与土地权属登记的土地用途不符,违反了行政法规的效力性强制性规定,属于无效合同。[1]另一种观点则认为违反土地用途管制的租赁合同并不必然无效。在成都神旺置业有限公司与上海瑰丽酒店管理有限公司租赁合同案中,最高人民法院就表示,"即使案涉租赁合同对于物业的使用违反了规划用途,但并未侵害国家、集体或者他人利益,不违反效力性强制规范,合同不必然因此无效"。[2]如果违反土地用途管制的租赁合同将不具备营业条件的场所予以出租经营,导致房屋存在安全隐患等损害社会公共利益的情形,该合同就难免会被认定为无效。[3]从民法典的精神来看,应谨慎认定违反土地用途管制的租赁合同效

---

[1] 新疆维吾尔自治区克拉玛依市中级人民法院(2019)新02民终317号民事判决书。

[2] 最高人民法院(2019)最高法民终879号民事判决书。

[3] 参见苏州德卓工贸有限公司与昆山港龙置业有限公司、昆山港龙喜临门经营物业管理有限公司租赁合同纠纷案,江苏省苏州市中级人民法院(2018)苏05民终8650号民事判决书。

力，注重协调民商事主体的交易利益与国家、社会公共利益之间的关系。因此，违反土地用途管制不能简单地视为"违反法律、行政法规的强制性规定"，要区分效力性强制规定和管理性强制规定。而区分这两种规定，应判断土地规划用途与国家或社会公共利益的关联度。[1]

(四) 违反选址规制的营业行政许可的合法性

根据我国现行法律规定，公民开设经营场所、从事营业活动的，要按照一定的先后顺序完成规划、消防、卫生、环保、市场等审批手续，获得多个行政机关颁发的行政许可。在这样的多阶段行政许可中，不可避免地会产生与经营资格相关的后续许可与先行许可的关系问题，即后续许可能否继承先行许可的违法性、后续许可机关能否审查先行许可的合法性。[2]从前述我国法律法规有关经营场所的选址规定来看，选址规制的要求零星地分散在规划、消防、环保、经营等行政许可环节中。其中，网吧、娱乐场所、烟草和烟花爆竹零售点等经营场所的选址要求是较为明确地被纳入相关经营许可的法定要件之中的，但法律上并未明确规划、消防、环保等环节中的选址要求与营业行政许可的关系，由此引发了不少纷争。

首先，在营业行政许可的要件判断上，其他法律法规中的选址规定是否应当成为其审查依据？这个问题在食品经营立法与环境保护立法的适用关系中尤为典型。《中华人民共和国食品安全法》(以下简称《食品安全法》) 第33条第1款、《食品经营许可和备案管理办法》第12条对食品经营许可的要件未列举有关营

---

[1] 谢佳桐:《违反土地规划用途的租赁合同效力判断》，载《人民法院报》2022年3月17日，第8版。

[2] 参见肖泽晟:《多阶段行政许可中的违法性继承——以一起不予工商登记案为例》，载《国家行政学院学报》2010年第3期，第77~81页。

业限制地域的场所性要求,但《大气污染防治法》第81条第2款设定了餐饮营业的限制地域即"居民住宅楼、未配套设立专用烟道的商住综合楼以及商住综合楼内与居住层相邻的商业楼层"。在食品经营许可的审查中是否要执行《大气污染防治法》中的选址规制呢?这一问题在行政执法和行政审判实践中都存在较大的分歧。支持者认为该条款构成食品经营许可要件的兜底性条款即"法律、法规规定的其他条件";[1]反对者则提出《食品安全法》和《大气污染防治法》的立法目的不同,两者的执法主体也不同。[2]原国家食品药品监督管理总局亦表明,《食品安全法》规定的食品经营许可条件"仅是食品安全条件,不涉及与食品安全无关的内容"。目前国家市场监督管理总局也倾向于反对意见。[3]

其次,在经营资格许可程序的考量上,受选址规制保护的周边居民等利害关系人的利益诉求是否应当纳入行政许可机关的考虑范围中?这个问题也关系到周边居民等利害关系人能否依据选址规制获得对营业许可决定提起行政争讼的救济机会。根据《行政诉讼法》第25条第1款的规定,行政诉讼原告资格是以"与行政行为有利害关系"为判断标准,导入保护规范理论来解释该标准已逐渐为我国司法实务所接纳。[4]根据保护规范理论,如果营业立法未设置选址规制等保护周边居民权益的

---

[1] 参见江苏省苏州市中级人民法院(2018)苏05行终514号行政判决书。
[2] 参见江苏省南京市中级人民法院(2018)苏01行终4号行政判决书。
[3] 2019年国家市场监督管理总局印发的《关于重申规范食品经营许可相关审查工作要求的通知》明确提出,各地在办理食品经营许可证的过程中要严格按照《食品安全法》等的要求,统一执行标准,不得擅自增加申请材料、增设审查要求,不得将未经依法授权的环境影响评价等要求列入食品经营许可条件中,进一步规范食品经营许可审批相关工作。
[4] 参见章剑生:《行政诉讼原告资格中"利害关系"的判断结构》,载《中国法学》2019年第4期,第244~264页。

法律规范，就表明行政机关在审批经营资格的许可程序中不需要考虑周边居民的权益，那么周边居民与相关行政许可就不具有法律上的利害关系。[1]

五、营商环境优化下选址规制实践的改善

经营场所选址的法律规制赋予了行政机关为了公共利益束缚营业自由的权限，但由于立法上选址规制条款具有模糊性、分散性等特点，导致行政机关在执行选址规制时裁量权过大，未能很好地平衡公共利益与营业性利益的冲突。党的二十大报告旗帜鲜明地表明，新时代新征程我们要"坚持社会主义市场经济改革方向""构建高水平社会主义市场经济体制"，并进一步提出了优化民营企业发展环境、支持小微企业发展、深化"放管服"改革、破除地方保护和行政性垄断等有利于保障营业自由的举措。随着优化营商环境改革的持续推进，经营场所的选址规制实践也在一定程度上得到了改善。

第一，经营场所登记的负面清单制。即对于清单中现行法禁止设立经营场所的区域，市场主体不得将其作为经营场所，清单之外各类市场主体可平等进入。清单实行动态管理，由登记机关根据禁设依据的变化及时调整并向社会公布。负面清单制有利于明晰经营场所登记管理的权力边界，规范行政机关的裁量权行使，是破除市场准入隐性壁垒的重要措施。行政机关未经法律、法规授权作出的涉及经营场所禁设区域的规范性文件，不能作为经营场所登记管理的依据。[2]同时，正如前文所

---

[1] 参见南京铁路运输法院（2019）苏 8602 行初 268 号行政裁定书。
[2] 参见 2020 年最高人民法院发布的产权保护行政诉讼典型案例之一"广州市淦灿贸易有限公司诉原韶关市新丰县工商行政管理局工商行政登记案"。

言,也要警惕负面清单所列禁设区域不能肆意扩大法律法规规定的地域范围。此外,还要注意实行住所与经营场所的差别登记管理。[1]《中华人民共和国市场主体登记管理条例》将住所、主要经营场所并列为一般登记事项,意味着将住所和经营场所混同为商事主体资格的构成要素。但实践中住所与经营场所分离的现象逐渐使两者出现了明显的性质与功能分化,即住所是塑造企业人格的构成要素,而经营场所是企业从事生产经营活动的要素。[2]

第二,经营场所监管责任清单制。按照"谁审批、谁监管""谁主管、谁监管"原则,相关职能部门定期梳理并公布企业住所(主要经营场所、经营场所)监管责任清单,明确企业住所(主要经营场所、经营场所)事前、事中、事后管理的职责和事项。企业在经营场所禁设区域从事经营项目的,住房城乡建设、自然资源和规划、城管执法、公安、市场监管、生态环境、应急、文化广电旅游、消防救援、烟草等职能部门应当按照各自的职责依法对企业经营场所进行监管。[3]责任清单制有助于明晰多阶段行政许可中经营场所的监管部门,确保后续监管及时跟进,有效避免监管盲区的出现。有的地方为放宽经营场所登记条件,对前置许可部门已审查市场主体经营场所的,不进行重复性审查。为加强经营场所的协调监管,还应当将经营场所登记信息推送给相关职能部门,实现登记与审批、登记与监管

---

[1] 董永忠:《关于企业住所(经营场所)登记制度改革的思考》,载《中国市场监管研究》2018年第5期,第41页。

[2] 郭富青:《我国企业住所与经营场所分离与分制改革的法律探析》,载《现代法学》2020年第2期,第145~156页。

[3] 参见2022年《遂宁市企业住所(主要经营场所、经营场所)登记管理办法》第19条、第22条。

第六章　经营场所选址的法律规制与营业性利益的分配

的有机衔接。[1]

第三，经营场所证明事项和涉企经营许可告知承诺制。起源于上海行政审批制度改革举措的告知承诺制最初仅适用于企业的设立登记，后逐渐扩大到其他事项，并获得了中央的认可。2019年国家层面首次提出了开展证明事项告知承诺制试点工作方案。在深化"放管服"改革、纵深推进营商环境优化的背景下，2020年国务院在全国范围内全面推行证明事项和涉企经营许可事项告知承诺制。从地方实践来看，经营场所证明事项告知（申报）承诺制通常与经营场所登记的负面清单制配套实施，是指登记机关在办理登记注册时，应当告知申请人负面清单所列禁设区域，并由申请人承诺不以所列禁设区域的场所作为经营场所，申请人无需再提交经营场所权属证明、租赁合同等证明材料。相较而言，涉企经营许可告知承诺制虽然也是发轫于地方改革实践，但至少在《优化营商环境条例》、《中华人民共和国外商投资法实施条例》（以下简称《外商投资法实施条例》）、《消防法》等中央立法中能够寻到法律依据。[2]对涉企经营许可事项，许可机关一次性告知申请事项的办理条件和所需材料，申请人就其符合许可条件作出承诺，许可机关在审查材料齐全、符合法定形式后就应当予以许可。当许可条件包含经营场所的选址条件时，告知承诺的范围实际上也会涵盖经营场所证明事项。

告知承诺制无疑有利于降低制度性交易成本，减轻企业和群众负担，尤其是放宽了经营场所选址规制条款在企业登记和

---

[1] 董永忠：《关于企业住所（经营场所）登记制度改革的思考》，载《中国市场监管研究》2018年第5期，第43页。

[2] 参见《优化营商环境条例》第19条、第40条、第44条，《外商投资法实施条例》第35条，以及《消防法》第15条。

经营许可环节中的适用条件。但是，告知承诺制的实施也内含合法性危机，存在过度适用、规避或扭曲审批程序、监管不健全等风险。[1]因此，通过告知承诺制助推营商环境优化时，也要注意经营场所选址规制效果的实现。首先，告知承诺制的适用范围要有一定的限度和边界，直接涉及公共安全、生态环境保护，直接关系人身健康、生命财产安全的经营场所一般不予适用。[2]目前有的地方通过告知承诺负面清单来列举不予适用告知承诺制的经营场所。在难以通过统一立法明确告知承诺制适用范围的现状下，可以考虑在经营场所选址规制的单行立法中明确能否适用告知承诺制。其次，在告知承诺制的整个实施过程中要达到效率目标、个人利益以及公共安全等"非经济价值"之间的平衡，通过赋予申请人程序选择权、构建告知承诺公开机制、期限机制以及听证机制完善告知承诺的程序设计。[3]最后，要强化告知承诺制的监管手段和法律责任，通过经营场所的事后核查发现场所与承诺内容不符的，要追究不诚信相对人的法律责任，行政机关也要对违法或错误许可给第三人造成的合法权益损害承担相应的赔偿责任。[4]

---

[1] 参见章志远、赖楚琳：《法治一体建设视域中的行政许可告知承诺制》，载《法治现代化研究》2023年第2期，第50~53页；任沫蓉：《论告知承诺制改革背景下环评审批的司法介入》，载《甘肃政法大学学报》2023年第3期，第118~120页。

[2] 作为例外，2021年修正的《消防法》第15条新增规定，建设单位或者使用单位在公众聚集场所投入使用、营业前可以选择告知承诺的审批方式。

[3] 聂帅钧：《行政许可告知承诺制：法律属性、运作逻辑与规范化进路》，载《中国行政管理》2022年第8期，第33~34页。

[4] 参见章志远、赖楚琳：《法治一体建设视域中的行政许可告知承诺制》，载《法治现代化研究》2023年第2期，第54~56页；聂帅钧：《行政许可告知承诺制：法律属性、运作逻辑与规范化进路》，载《中国行政管理》2022年第8期，第34页。

第六章 经营场所选址的法律规制与营业性利益的分配

本章小结

经营场所的选址规制是为弥补市场机制失灵，通过对经营者的营业地点设立自由施加土地用途管制、距离规制等约束，规范城市空间资源的配置，调和行业经营与生活环境、店址垄断与公平竞争等矛盾。法律上的选址规制条款极为分散，且赋予了行政机关基于用途管制划定经营场所禁设区域、细化合理布局等模糊条款的权限，致使选址规制条款在一定程度上外化为市场准入的隐性壁垒，侵害到市场主体合法的营业性利益。城市空间中的某类经营活动是要遵循选址的合理布局，还是放任市场主导布局，并不是非此即彼的"一刀切"，而是要结合社会经济形势的变化审时度势。在当前深化"放管服"改革、营商环境持续优化的背景下，经营场所登记的负面清单制、监管责任清单制以及告知承诺制等实践在一定程度上纾解了选址规制条款对市场准入形成的不利局面，但同时也要通过配套措施改进这些实践，平衡好选址规制保障的公共利益与市场秩序之间的关系。

第七章
地域空间中景观利益的法律保护

在现代化的城市生活中，优美良好的自然、人文景观不仅为市民们提供了居住环境上的舒适享受，也寄托了他们对城市的美好记忆和文化情感。景观以丰富多样的媒介来塑造城市的形态，加快了城市形成的过程，甚至取代建筑成为现代城市发展的基本标志。[1]为了保护具有地域特色与时代特征的景观，一些城市已经出台了城市景观风貌的专门立法，实施对景观风貌区域的规划管理。[2]可以说，景观已经在地域空间秩序的形成中占据重要的地位，逐渐成为地域居民生活环境中不可或缺的部分。

然而，公众因对良好景观的享受与利用而产生的景观利益，往往被视为一般抽象的公共利益，地方政府在地域景观的建设与管理中独占话语权，当地居民较难发挥主体性作用。在近年来的地方城市更新实践中，多地曾发生过大规模砍树、严重破

---

〔1〕 [美]查尔斯·瓦尔德海姆编：《景观都市主义》，刘海龙、刘东云、孙璐译，中国建筑工业出版社2011年版，第3页。

〔2〕 参见《成都市城市景观风貌保护条例》（2019年）、《浙江省城市景观风貌条例》（2020年）、《威海市城市风貌保护条例》（2020年）、《青岛市城市风貌保护条例》（2014年）等。

第七章　地域空间中景观利益的法律保护

坏城市景观风貌而引起民意反弹的事件。地域居民仅能基于私法上的相邻权获得有限的诉讼救济，超越相邻权的景观保护诉求则得不到司法的有效回应。要纾解地域景观保护的现实困境，不得不破除"景观＝环境＝公共利益"的固有观念，促使一定地域范围内居民群体享有的景观利益纳入司法保护的合法权益范畴。对此，日本著名的国立公寓事件[1]是突破景观保护诉讼困境的典型案例，推动了景观利益从公法与私法保护的分立到交融的演变，也提供了学界讨论景观利益法律构成的契机。这在一定程度上能够回应当前我国城市发展中景观利益界定和纠纷处理的理论需求与制度难题。

一、景观诉讼中公法保护论的实践及其发展

同我国一样，日本的景观维权诉讼表现为民事诉讼和行政诉讼两种形态。无论是哪种诉讼形态，都不得不面对的一个核心问题就是判断景观利益的法律性质，特别是法律上是否赋予个人具有享受良好景观的权益。

---

[1] 该案的起因是 1999 年明和地所计划要在国立市大学大道上建设高层公寓。大学大道是国立市历史悠久的景观大道，其两侧的绿化带种植了大量的樱花和银杏。周边居民认为约 44 米高的公寓与沿道 20 米高的树木景观不协调，为阻止该公寓的建设先后提起了系列诉讼。笔者分析的对象是周边居民请求确认行政不作为违法、履行排除违法建筑职责的行政诉讼以及请求拆除违法建筑的民事诉讼。国内已有不少学者对国立公寓事件予以详细介绍，参见王树良：《我国景观行政诉讼的现状与探讨——以日本景观行政诉讼为参考》，载《暨南学报（哲学社会科学版）》2018 年第 3 期；刘勇：《论景观利益的侵权法保护》，载《南京大学法律评论》2016 年春季卷；裴敬伟：《略论景观纠纷的私法解决及其路径选择》，载《法学评论》2014 年第 1 期；张挺、解永照：《论景观利益之私法保护》，载《南都学坛（人文社会科学学报）》2012 年第 4 期；刘惠明：《景观利益私人化的可贵尝试——日本最高法院第一小法庭 2006 年 3 月 30 日判决评析》，载《河海大学学报（哲学社会科学版）》2012 年第 1 期；等等。

(一) 民事诉讼中的公法保护论：从单向管理论到综合调整论

在国立公寓事件之前，下级法院通常认为景观利益应当通过公法规制予以保护，对景观利益的私法保护一直持消极的否定判断，这主要是基于以下两个理由：其一，良好的景观是全体社会成员共同享受的财产，属于公共利益的范畴。例如，在日比谷公园事件的民事诉讼[1]中，东京高等法院将地方公共团体设置的城市公园界定为"供居民和一般公众共同使用的公共设施""公法关系上的一般使用"，指出城市公园应当由设置它的地方公共团体管理，一般使用者不享有对妨碍公园景观的建筑物请求禁止建设的权利基础。其二，景观是否优美良好的判断具有主观性和多样性，难以把它视为个别性的权利而确定其具体内容。例如，在京都酒店事件的民事诉讼[2]中，原告主张的宗教与历史文化景观权被认为内容和要件都不明确。该案法院还表明，古都历史风貌的保护应当在通过民主程序制定的法律中予以规定，并通过建筑确认等行政程序进行综合的判断审查。

国立公寓事件民事诉讼的二审判决[3]也是秉持以往的公法保护论，认为良好的景观应当"通过合理的行政措施的施行予以充分保护"。不过，该判决还特别指出，良好景观的形成、保护与"国土和地域的自然、历史、文化、生活环境以及经济活动等有紧密的联系，行政应当在居民的参与下从专业性、综合性的立场推进协调的措施"。由此可见，景观民事诉讼中的公法保护论从早期强调行政对景观设施的"单向管理"逐渐发展到行政在居民参与下对景观利害关系的"综合调整"。这体现了行

---

[1] 东京高等法院 1978 年 9 月 18 日决定，判例时报 907 号 61 页。
[2] 京都地方法院 1992 年 8 月 6 日决定，判例时报 1432 号 125 页。
[3] 东京高等法院 2004 年 10 月 27 日判决，判例时报 1877 号 40 页。

政关系由传统的两面关系向多面关系发展的趋势，在公共目标的实现上转向多元主体参与的行政过程。但是，在景观的形成与保护上，该判决仍是坚持行政的主体地位，地域居民的作用仅限于积极参与到利害关系的调整过程之中。

值得注意的是，日本的司法裁判一般把景观利益和眺望利益、日照利益区分开来，认为眺望和日照都是通过特定场所享受到的利益，享受主体是比较明确的，也都具有客观的社会评价标准，因而可以作为个人利益受到私法的保护。[1]

(二) 行政诉讼中的公法保护论：从一般保护论到个别保护论

在景观行政诉讼中，景观利益的法律属性直接关系到周边居民原告资格的判断。日本行政诉讼原告资格的判断采用的是保护规范理论，即当周边居民诉请保护的景观利益并不仅是被行政法规范保护的一般公共利益所吸收，也是行政法规范保护的个别具体的利益时，周边居民的原告资格才能被承认。然而，公法上为保护景观设定的土地利用与建筑规制通常被解释为以一般公共利益为保护目的，而不是以景观周边居民的个别具体利益为保护目的，周边居民的原告资格也因此被否定。

例如，在京都酒店事件的行政诉讼[2]中，京都地方法院就把与该案酒店建设相关的高度地区等公法规制解释为以一般公共利益为保护目的，没有认可周边居民基于历史文化景观权提起撤销之诉的原告资格。此外，该案判决也指出，历史文化景观权在法律上是否被认可仍有疑问，即使被认可，周边居民享有的历史文化景观权也只不过是在特定地域的宗教文化活动中

---

[1] 吉村良一「景観保護と不法行為法——国立景観訴訟最高裁判決の検討を中心に」立命館法学310号（2006年）459-460頁。

[2] 京都地方法院1994年1月31日判决，判例地方自治126号83页。

从地域整体的景观环境保护中获得的反射性利益或者事实上的利益。也就是说，周边居民基于"整体"环境规制获得的景观利益通常仅被视为一般的公共利益，但在一些行政案件中，日本最高法院也从危险或者污染源的距离规制（即"点"的规制）中灵活地解释出对周边居民个人利益的法律保护，从而承认周边居民的原告资格。[1]

较为特殊的是，国立公寓事件行政诉讼的一审判决[2]打破了基于"整体"规制的公共利益认定规则，着眼于地域空间中景观保护的特殊性，认定本案适用的公法上建筑规制[3]保护周边居民享受特定景观的个别性利益。具体来讲，一是景观保护与地域生活的密切关联性，"景观只有在景观形成空间的实际利用者的全员遵守之下才有可能得以维持，景观利益具有强烈依赖景观形成空间利用者的共同意识的性质"。二是景观保护的"互换性利害关系"，本案限高区域内的地权者是大学大道景观形成空间的利用者，为维护该景观而遵守高度限制，接受财产权的自我规制，从而享受对大学大道的具体性景观的利益。三是景观破坏的重大性，"即便有一人违反了规制，景观就很容易被破坏，会导致被规制者失去维护景观的动力，进而加速景观的破坏，如果不对被规制者的景观利益进行充分保护，维护景观的公益目的本身也将难以达成"。

---

〔1〕 角松生史「まちづくり・環境訴訟における空間の位置づけ」法律時報79巻9号（2007年）30-31頁。

〔2〕 东京地方法院2001年12月4日判决，判例时报1791号3页。

〔3〕 具体指国立市在周边居民的强烈要求下于2000年1月24日公示的包含本案公寓用地在内的地区规划，以及1月31日修订、并于翌日施行的《国立市地区规划区域内建筑物限制条例》。据此，本案公寓所涉用地内的建筑物要受到不得超过20米的高度限制。

上述判决突破了景观属于公共利益的固有判断，例外地承认了周边居民的原告资格，并将原告适格者限于本案限高区域内的地权者。特别引人关注的是，该判决将地权者维护景观的相互关系界定为"互换性利害关系"。该概念被运用在分析行政作用中的实体法关系，把公共利益分解为私人之间各种利益关系之语境下，表现为"围绕某种地位归属于谁，或者如何组合各主体的地位，复数主体（的利益）是对立的"关系。[1]本案一审判决则涉及了"围绕地位组合的互换性利害关系"[2]，即在景观空间利用者的地位上某人的义务和他人的义务、某人的义务和权利是不可分割的。具体而言，在国立市条例设定的地域建筑物高度限制之下，相关地域空间利用者只有共同遵守高度限制才能维护大学大道的景观，某个空间利用者遵守高度限制的义务即拥有了享受该景观的利益。

二、景观诉讼中私法保护论的登场与确立

"景观=公共利益"的固有认识形成了景观诉讼中公法保护论的实践，给周边居民的景观维权造成了实质性的阻碍。这种阻碍尽管在公法保护论的发展下有所突破，但也是有限的、例外的突破。而国立公寓民事诉讼的相关判决改变了以往私法保护否定论一边倒的时代，打通了景观维权的民事路径，并在一定程度上影响了景观行政诉讼原告资格的判断。不过，相关判决在景观利益的性质、主体、侵权行为等方面有明显不同的认定。

（一）以土地所有权为媒介的私法保护论

国立公寓事件民事诉讼的一审判决[3]标志着下级审中私法

---

[1] 山本隆司『行政上の主観法と法関係』（有斐閣、2000年）262頁。
[2] 山本隆司『行政上の主観法と法関係』（有斐閣、2000年）305-310頁。
[3] 东京地方法院2002年12月18日判决，判例时报1829号36页。

保护论的有力登场，其从三个要件判断了景观利益的私法保护性：一是特定地域内的地权者通过"土地利用的持续自我规制"来维护特定景观，本案一定地域内的地权者们为了维护大学大道的景观，长期遵守着不得建设高度超过 20 米建筑物的规制。二是在"相当的期间"内特定的人工性景观得以维持，本案大学大道的特定景观已形成 70 年以上。三是这种特定的景观在社会通常观念上也被认为是良好的景观，给地权者们拥有的土地产生了"附加价值"。满足这三个要件，即可认为地权者们因其土地所有权产生了"派生的"景观利益，即在承担自我维护景观义务的同时，也互相要求对景观的维护的利益。

前述判决的核心是以土地所有权为媒介削弱了景观利益的公共性，强调城市景观的附加价值是"特定地域内的地权者们在彼此充分理解、团结以及自我牺牲的长期努力下自我创造出来、又予以自我享受的"。因此，景观利益的主体被限定为景观地域内对景观维护有自我规制行动的土地所有权者。这种景观地域内地权者相互关系的判断实际上是"输入"了前述行政诉讼中的互换性利害关系理论。不同的是，行政诉讼中该理论的运用是在保护规范理论的框架下以公法上的建筑规制为前提判断原告资格的，而民事诉讼中是在私法的脉络下适用的，即使不违反公法上的建筑规制，只要事实上地权者之间形成了不成文的自我规制，也构成互换性的利害关系。[1]在国立公寓事件之后，也有一些民事景观案件吸收了互换性利害关系的判断手法，在景观利益是否成立的问题上考察了景观地域内的居民是

---

〔1〕 角松生史「『互換的利害関係』概念の継受と変容」水野武夫先生古稀記念論文集刊行委員会『行政と国民の権利：水野武夫先生古稀記念論文集』（法律文化社、2011 年）159 頁。

否事实上形成了对景观保护的自我规制。[1]

在景观侵权的司法判断上,本案民事诉讼一审法院区分了公寓建设在公法和私法上的合法性,认为即使公寓建设不违反公法上的建筑高度规制,也不能据此得出其在私法上也是合法的结论,在公寓建设给原告景观利益的侵害超过了忍受限度时,才能在私法上受到违法的评价。在此前提下,一审法院综合考量了原告受侵害的权益内容与程度、地域性、被告的应对行动以及损害回避的可能性等因素,认定本案公寓建设对原告景观利益的侵害超过了忍受限度,构成侵权行为。

(二) 与居住要素紧密联系的私法保护论

如前所述,本案民事诉讼的二审判决仍是主张景观利益的公法保护论,推翻了一审的私法保护论。而日本最高法院的判决[2]则正面回应了下级审中的争论,明确承认了景观利益是私法上能够予以保护的利益,这也正是该判决的首要意义所在。不同的是,日本最高法院把景观利益从土地所有权中分离,通过以下两方面的内容肯定了景观利益的私法保护性:首先,"城市景观作为良好的风景,在创造了人们的历史性或文化性环境,形成了丰富的生活环境的情形下,应当说其具有客观性的价值"。其次,地方的景观条例和《景观法》都是以形成、保护良好的景观为目的。据此,日本最高法院认为,"居住在良好景观附近地域内、日常享受其惠泽的人,应当说对良好景观具有的客观性价值遭受的侵害具有密切的利害关系,这些人享受良好景观惠泽的利益(景观利益)应当解释为法律上值得保护的利

---

[1] 参见常盘台公寓事件(东京地方法院 2006 年 9 月 8 日判决)、名古屋四观音道高架道路事件(名古屋地方法院 2009 年 1 月 30 日判决)等。

[2] 日本最高法院 2006 年 3 月 30 日判决,民事判例集 60 卷 3 号 948 页。

益"。而本案的大学大道景观属于构成丰富生活环境的良好风景，具有客观性的价值，起诉居民也符合大学大道的"附近居住性"和"日常享受性"要件，故拥有对大学大道的景观利益。这种与"居住"紧密联系的景观利益，其享有者自然不限于土地所有权者。此外，本案最高法院的判决没有论证如何从景观利益的公共性解释出其私法保护性，反而从地方景观条例、《景观法》等公法规定中推导出私法上的利益，这不免被评价为"非常简单"[1]的裁判说理。基于景观内容的多样性和可变性，日本最高法院还否定了超越景观利益的"景观权"。

民事诉讼中与居住要素紧密联系的私法保护论也被"输入"到行政诉讼原告资格的判断中。具体而言，鞆浦世界遗产事件行政诉讼的一审判决[2]沿用了国立公寓事件最高法院民事判决，指出鞆浦景观丰富了附近居住者的生活环境，具有客观的历史文化价值，居住在鞆浦景观附近地域内、日常享受其恩泽之人的景观利益在私法的法律关系上值得法律的保护。但鞆浦案并没有直接以景观利益的私法保护性为依据肯定周边居民的原告资格，仍是在保护规范理论的框架下判定本案相关的公法规范也是把附近居民享受鞆浦景观的利益作为个别具体的利益予以保护的。而在原告适格者的范围上，不同于国立公寓事件行政诉讼判决限于高度限制地区的地权者，鞆浦案着眼于景观利益成立的居住要件，将原告适格者扩大到鞆町的所有居住者，推定这些居住者日常性地享受鞆浦景观的恩泽。从这点上来看，鞆浦案的原告适格判断受到了前述最高法院判决的深刻影响。

---

[1] 大塚直「国立景観訴訟最高裁判決の意義と課題」ジュリスト1323号（2006年）76頁。
[2] 广岛地方法院2009年10月1日判决，判例时报2060号3页。

第七章 地域空间中景观利益的法律保护

虽然日本最高法院对景观利益的成立设置了与居住相关的较为缓和的要件，但在国立公寓事件之后也有一些案件因不符合相关要件而未承认景观利益的成立。例如，在2009年的东京红白条纹房屋事件中，某居民区居民主张该区域内建筑外墙被涂上红白条纹的行为侵害了建筑物外墙色彩的景观，东京地方法院从以下两点否定了该景观的"客观性价值"和"日常享受性"：一是法律上没有建筑物外墙色彩的规制，地域居民也没有就外墙色彩达成建筑协定；二是该案建筑物周边有各种颜色的建筑物，该案居民区内的建筑物外墙并没有统一的颜色。

国立公寓事件最高法院判决的另一个重要意义就是明确了景观侵权的违法性判断基准。即从景观利益的侵害不会产生生活妨碍或者健康损害，景观利益的保护及其伴随的财产权规制由民主程序制定的行政法规范或者地方条例等作出第一次判断等情况来看，对景观利益构成违法侵害的行为至少是"违反刑法、行政法规范，或者是违反公序良俗、构成权利的滥用等，在侵害行为的样态或者程度上欠缺作为社会上认可行为的相当性"。由此可以看出，该判决并没有因为公法规范在景观保护上的重要作用就否定了景观利益的私法保护，且把公法规范和公序良俗、权利滥用等民事法规范都列举为违法性判断要素，实际上是将景观利益的保护视为公私重叠的领域。但以公法上的违法作为私法上违法评价的重要因素，这明显不同于上述民事诉讼的一审判决。本案最高法院最终将高层公寓的建设认定为不构成对周边居民景观利益的违法侵害，还是倾向于公法评价的优位。在国立公寓事件之后的景观民事纠纷中，也几乎没有案件认可景观侵权的违法性。

三、公私交融视角下景观利益的法律构成

在国立公寓事件的契机下,司法裁判中景观利益的保护困境取得了重大突破。景观利益不再是一般市民对良好景观的抽象利益,而是与居民"在特定的地域空间中具体形成的生活关系相关联而产生的利益"[1]。基于这种特征,景观利益兼具公益和私益的二重性,其法律保护需要公法与私法的互动。尽管日本也有行政法学者在公私二元论下否定景观利益的私法形成,主张与多数人利益相关的景观保护应当纳入公法范畴,[2]但多数民法学者都在公私交融的视角下赞成景观利益的私法保护,并从不同角度论证景观利益的法律构成。

(一)景观权说

如前所述,国立公寓事件行政诉讼和民事诉讼的一审判决都是以土地所有权为媒介承认景观利益的私人归属性。对此,淡路刚久认为这种判决是努力通过传统的民事权利来解决景观纠纷,但并没有直接指向受到争议的景观侵害。他主张因城市景观的破坏而遭受损害的居民依据的权利概念只有"景观权"。作为从民法视角主张环境权的论者,淡路刚久把景观权视为环境权的一种形态。他认为,"当良好的风景客观化、广域化而形成有价值的环境即自然性、文化性、历史性的景观时,景观权就是享受这种良好景观的权利"。同时,他又把景观权视为眺望权的延伸或者扩展,把景观权的内容理解为"个人性眺望利益的广域性聚集"。如此,眺望权和景观权只存在"相对性的差

---

[1] 角松生史「まちづくり・環境訴訟における空間の位置づけ」法律時報 79巻9号(2007年)35頁。

[2] 阿部泰隆「景観権は私法的(司法的)に形成されるか(上)」自治研究 81巻2号(2005年)3-27頁。

异"，景观权具有眺望权广域性聚集的性质，对景观权的侵害即构成对个人法益的侵害。[1]可以说，淡路刚久是把景观权界定为个人性眺望利益在广域的地域空间的集合形态，一定程度上揭示了景观利益既可以由地域居民共享又可以分割给个人的二重性。

另外，淡路刚久高度评价了国立公寓事件中运用互换性利害关系理论的判决，揭示景观权的主体范围为享受景观的同时也接受财产权行使的制约、对景观的形成与维护承担义务的地域居民。不过，在他看来，这个主体范围也不局限于地区规划制度直接划定的景观地区范围。他指出，"一定地域内历史性、习惯性地被遵守的高度限制及其他建筑规制，在地区规划中予以规定、通过建筑条例直接予以规制之前，就已经作为社会性规范一直存在"，而"即使没有地区规划、建筑条例等直接性的法制度，也不乏运用间接性的法制度予以规制的情况"，在这种情形下景观权作为"社会性事实"往往成为间接性法制度予以保障的对象。[2]

(二) 人格权说

除了景观权论之外，从权利概念探求私法上景观保护的代表性观点还有富井利安的人格权论。他从环境人格权的视角把景观这种属于社会共同生活上的环境利益界定为人格性利益。在他看来，不特定多数市民对作为公共财产的良好景观的利用是对生活利益的共同享受，是丰富现代人精神文化生活的基本条件；人们以五感接触景观，从中享受到平和、休闲、审美感、

---

[1] 淡路剛久「景観権の生成と国立・大学通り訴訟判決」ジュリスト1240号（2003年）72-73頁。

[2] 淡路剛久「景観権の生成と国立・大学通り訴訟判決」ジュリスト1240号（2003年）75頁。

满足感、乡土情怀等"理念性的利益"。[1]他把景观利益分解为彼此紧密联系的三层构造：作为公共财产存在的良好景观、作为地域性福利的景观利益、居民个人的景观利益。他主张第二层构造的景观利益属于"景域"划定的一定范围的地域中生活的全体地域居民。这样的景观利益被认为是一种集合性或者集团性利益，不能被抽象意义的公共利益所吸收，而是共同利用、享受良好景观的每个地域居民的私益的集合，是先共同属于全体地域居民才能再作为生活利益归属于居民个人。[2]

进一步地，富井利安把具有人格性利益内核的景观利益升华为归属于个人的自由领域，从人格权的法律依据即日本《民法典》第710条[3]中规定的"自由"中探求景观利益的权利性依据。[4]确切地说，景观利益的享受是一种精神性的自由，景观破坏的本质就是对精神性自由的侵害，景观破坏具有作为公共财产的景观环境的侵害和市民个人的人格权侵害的二重性。[5]

(三) 习惯上法益说

根据前文所述，国立公寓事件民事诉讼一审判决以事实上

---

[1] 富井利安「景観利益の法的保護要件と効果——洛西ニュータウン高層マンション建築事件京都地裁判決に接して」広島大学総合科学部紀要Ⅱ社会文化研究30巻（2004年）26頁。

[2] 富井利安「意見書：景観利益の侵害の私法的救済について」広島法学29巻2号（2005年）253-254頁。

[3] 日本《民法典》第710条规定："无论是侵害他人的身体、自由或者名誉的情形，还是侵害他人财产权的情形，依前条规定承担赔偿责任者，对财产以外的损害，亦应赔偿。"

[4] 富井利安「意見書：景観利益の侵害の私法的救済について」広島法学29巻2号（2005年）147頁。

[5] 富井利安「景観利益の法的保護要件と効果——洛西ニュータウン高層マンション建築事件京都地裁判決に接して」広島大学総合科学部紀要Ⅱ社会文化研究30巻（2004年）27頁。

第七章 地域空间中景观利益的法律保护

的景观利用规制为前提肯定了景观利益的私法保护性。进一步而言，国立公寓事件中的大学大道景观，是特定地域内的居民在互换性利害关系之中凭借在土地利用上持续性的自我规制，而在相当期间内能够保持特定的人工景观的结果。据此，大塚直提出，地域居民对这样的特定景观的共同利用是不能消解于公共利益的利益，属于"习惯上的法益"。大塚直也不赞同把景观利益视为土地所有权的派生利益，他认为难以得出景观会给土地产生附加价值的判断，在国立公寓事件中更符合实际的法律构成是：大学大道沿道的居民具有"关于特定环境共同利用的习惯上的法益"，该利益作为私益与公益重合的部分，"集团性地"归属于特定地域的居民。[1]因此，大塚直主张对特定环境具有的习惯上的利益可以作为私法上中止请求权的根据，在国立公寓事件中最高法院如果使用习惯上的法益论，反而能更加容易认定高层建筑行为的违法性。[2]

大塚直主张的"习惯上的法益论"实际上是对中山充的"环境共同利用权"理论的吸收。作为环境权理论的新发展，中山充提出的环境共同利用权是一种集合性权利，指"具有其他多数人可以同样利用和共存的内容，且能够以共存的方法使各人都能利用特定环境的权利"。[3]中山充指出，"作为惯例而自过去以来就进行的环境利用，是以大多数这种权利者的意思为基础，构成了环境共同利用权的内容"，"环境共同利用权的内容之共同利用的具体内容、方法，实际上可以根据从前的惯例

---

[1] 大塚直「環境法の新展開——環境権（2）」法学教室 294 号（2005 年）113 頁。

[2] 大塚直「国立景観訴訟最高裁判決の意義と課題」ジュリスト 1323 号（2006 年）76 頁。

[3] 中山充『環境共同利用権——環境権の一形態』（成文堂、2006 年）124 頁。

在每个地域予以特定"。[1]

(四) 地域性规则说

景观利益的法律构成除了环境权论之外，还有从法秩序保护的角度以"生活利益秩序违反"为根据证成私法上的景观利益保护。典型的就是，吉田克己主张良好的景观环境属于人格秩序的"外缘秩序"，即"生活利益秩序"。他指出，这种秩序与国家性的利害基本上没有关系，属于面向不特定的多数市民开放、不特定的多数市民都可以接触的公共性，即"市民的公共性"。[2]他认为，包含景观的生活利益秩序除了依据实体法规构成之外，还可以由一定范围的居民自下形成，在私人行为违反以居民为主体形成的有关土地利用的"地域性规则"时，地域居民可以提起对这种违反秩序行为的中止请求。在他看来，这样的地域性规则具有法源的性质，即使不存在地区规划、地方条例等形式的正式法规范，其也具备一定的规范性，违反该规则的建筑行为即违反生活利益秩序。[3]

吉村良一进一步发展了地域性规则论。首先，他揭示了地域空间中的景观利益兼具公益与私益的性质，而且因为景观同时具有公共性，某个人的景观利益享受应当与同一地域内其他人的景观利益享受相协调，因而在判断是否存在景观利益的侵害时有必要考虑相关的公法规范。但这毕竟是"公私交叉领域中公法与私法的互动与调整问题"，并不能以此否定景观利益获

---

[1] 中山充『環境共同利用権——環境権の一形態』（成文堂、2006年）289頁。

[2] 吉田克己「景観利益の法的保護——《民法と公共性をめぐって》」慶応法学3号（2005年）91頁。

[3] 吉田克己「『景観利益』の法的保護」判例タイムズ1120号（2003年）71頁、吉田克己「景観利益の法的保護——《民法と公共性をめぐって》」慶応法学3号（2005年）94頁。

得私法救济的可能性。[1]在此基础上，吉村良一表明地域性规则在景观的形成与维持上具有重要的意义，行政法规范虽然在地域土地与空间利用的规制上会发挥重要的作用，但缺乏"迅速且灵活的应对"。不过，吉村良一并不是一味地夸大地域性规则的作用，而是主张"行政法规范支援这种地域性规则，在公私互动下，形成并维持整体的良好景观"。[2]

其次，吉村良一还揭示了地域性规则在民事法上对景观利益保护的法律意义。[3]其一，在景观侵权的判断上，可以考量是否存在地域性规则、被告的建筑行为是否抵触地域性规则。其二，地域性规则使得其保护的景观利益"提升至法律上所保护的利益乃至权利"。其三，地域性规则比较强固，形成地域秩序时，违反地域性规则的行为即构成违反地域秩序的行为，成为法律纠正的对象。这其实是吸收了吉田克己关于生活利益秩序形成论的观点。其四，地域性规则有助于划定景观利益的主体范围，即遵循地域规则或习惯，参与景观形成与维持活动的地域居民，而不是单纯享受景观恩泽的人。

(五) 地域性公序说

与地域性规则论类似的是，牛尾洋也主张的地域性公序论也强调地域性规则在景观利益保护中发挥的重要作用。牛尾洋也综合考察了日照利益、眺望利益、景观利益民事纠纷中围绕

---

[1] 吉村良一「景観の私法上の保護における地域的ルールの意義」立命館法学316号 (2007年) 459頁、吉村良一「私法上の景観保護と地域的ルール」日本不動産学会雑誌22巻3号 (2008年) 45頁。

[2] 吉村良一「景観の私法上の保護における地域的ルールの意義」立命館法学316号 (2007年) 468-470頁、吉村良一「私法上の景観保護と地域的ルール」日本不動産学会雑誌22巻3号 (2008年) 47頁。

[3] 吉村良一「景観の私法上の保護における地域的ルールの意義」立命館法学316号 (2007年) 474-476頁。

忍受限度的司法判断，揭示了"地域性"要素的判断在忍受限度判断基准中占据了重要地位。以国立公寓事件民事诉讼一审判决来说，所谓"地域性"要素的判断就是除了建筑基准等公法上的土地利用规制之外，还对周边的地理状况、土地用途分区情况、周边土地的利用现状等进行"复合性的判断"。[1]在判例研究的基础上，牛尾洋也总结了城市景观利益的特质及其法律保护方法。即有限的城市空间的利用交织着地域居民之间各种各样的利益关系，优美的城市景观是在居民们长期持续的努力下得以维持和形成的，在对景观周边居民的各种利益关系进行调整时，"地域性"判断的规范依据"在以公法上的土地利用规制为前提的同时，还要努力发现在各地域内因相对自律的土地利用意识与实际情况而形成的'地域性公序'"。[2]他指出，地域性公序不是依据公法自上形成的，而是从实际居住生活的居民的现实生活中产生的、来源于"周边地域居民的合意和日常性土地利用的实际情况"的"普遍性规范"。[3]

进一步地，牛尾洋也把地域性公序视为确保土地所有权公共性的内容，从"土地所有权法秩序"中探求景观利益保护的法律根据。根据他的观点，当某个地域的土地利用或者说建筑物的建设产生侵害地域景观的争议时，要根据土地利用的实际情况把握该地域的"土地所有权法秩序"，进而判断相关行为是否脱离了土地利用的"地域性""场所的习惯性"；公法上的土地

---

〔1〕 牛尾洋也「都市的景観利益の法的保護と『地域性』——国立市マンション訴訟が提起するもの」龍谷法学36巻2号（2003年）3-19頁。

〔2〕 牛尾洋也「都市的景観利益の法的保護と『地域性』——国立市マンション訴訟が提起するもの」龍谷法学36巻2号（2003年）25頁。

〔3〕 牛尾洋也「景観利益の保護のための法律構成について」龍谷法学38巻2号（2005年）26、36頁。

利用规制对民事上的这个判断仅提供"最低的基准",要探求"更加积极的地域性规范"充实判断的基准;在违反该地域"土地所有权法秩序"的限度内可以对景观破坏行为以土地所有权的侵害为由行使妨害排除请求权。[1]

以上学说反映了景观利益法律构成论的两个大致方向:权利体系和法秩序。权利体系论要么以既有权利概念为基础论证景观利益的个人归属性,把景观利益理解为私权的延伸;要么侧重居民共同体对特定公共景观的利用,把景观利益界定为集团性的权利。法秩序论也不是把景观利益作为私权的延伸,而是从维持环境或者土地利用秩序的角度认可对景观利益的私法保护。集团性的权利体系论和法秩序论实际上都是对作为私权的环境权论的修正,[2]且特别强调地域性规则或者习惯的遵守。尽管不同的论者对地域性规则或者习惯的范围与内容等有不同的观点,但基本上都主张在景观侵权的判断上要重视地域居民在共同的景观保护意识下自发形成的行动规则或者习惯。

四、中国情境下地域景观的保护课题

尽管日本的司法裁判和学界讨论对景观利益的界定有不同的认识,但几乎都承认了地域空间中景观保护的特殊性。这对解决我国景观保护诉讼困境亟待的理论回应和制度设计有启发性的意义。

(一) 相邻权作为景观保护权利基础的诉讼困境

囿于景观权益的非法定性和公共属性,我国目前的景观诉

---

[1] 牛尾洋也「景観利益の保護のための法律構成について」龍谷法学38卷2号(2005年)38頁。

[2] 大塚直「環境法の新展開——環境権(2)」法学教室294号(2005年)111-112頁。

讼实务大多不支持居民个人享受地域景观的具体利益，仅承认相邻权益的保护诉求。在依托相邻关系纠纷的景观民事诉讼中，虽然不乏肯定"观景权"的个案，但其内涵是"权利人在一定时空范围内对一定景观的眺望不受他人非法侵害的权利"[1]，究其根本是对直接相邻景观的眺望权。在景观行政诉讼中，由于相邻权的侵害属于原告适格要件"利害关系"的法定情形，[2]居民个人通常在日照、通风、采光等相邻权的范畴内被"间接承认"诉请保护景观利益的原告资格。[3]在我国现有的诉讼制度框架下，城市规划部门违法的审批行为，即使可能破坏了城市特色景观，只要不构成附近居民相邻权的直接侵害，就难以通过居民个人的起诉进入诉讼程序。[4]

不可否认，地域景观这样的公共利益是由共同体成员共同享有的，但个体也可以独自享受景观审美带来的精神利益，我们可以在个案的利益衡量中辨识该利益的个体受侵害者。[5]与地域居民的日常生活产生牵绊关联的景观，是一种可被个人享受的公共利益，具有公私利益的复合性质。市民状告青岛规划

---

〔1〕参见李某等诉郑某等相邻关系纠纷案，新疆维吾尔自治区石河子市人民法院（2014）石民初字第3817号民事判决书；戚某文诉沈阳顺民心农贸综合市场有限公司排除妨害纠纷案，辽宁省沈阳市于洪区人民法院（2016）辽0114民初4278号民事判决书；顾某华与许某会、朱某芳相邻土地、建筑物利用关系纠纷案，江苏省苏州市中级人民法院（2018）苏05民终7940号民事判决书。

〔2〕参见我国《行政诉讼法》第25条第1款、《最高人民法院关于适用〈中华人民共和国行政诉讼法〉的解释》第12条第1项。

〔3〕参见刘勇：《论景观利益的侵权法保护》，载《南京大学法律评论》2016年春季卷，第317~318页。

〔4〕姜培永：《市民状告青岛规划局行政许可案——兼论我国建立公益诉讼制度的必要性与可行性》，载《山东审判》2002年第1期，第60页。

〔5〕张超：《新兴权利的利益衡量判定——以侵犯人格利益个案为背景的分析》，载《法制与社会发展》2022年第3期，第79页。

局行政许可案就是典型的"公共利益与个人利益混合的景观行政诉讼"。[1]在该案中,原告适格要件"利害关系"被扩大解释为包括"不特定的个人所组成的公众群体人人享有的公共利益"这一"间接的利害关系",在此基础上,地域居民维护当地公共景观的原告资格得到了肯定。[2]但该判断仍是以原告与争议用地相邻为前提的。而且该案法院以规划许可符合技术规范为由肯定了其合法性,未触及景观利益的具体侵害,最高人民法院公报案例——念泗三村28幢楼居民35人诉扬州市规划局行政许可行为侵权案也是如此。

总之,无论是民事诉讼还是行政诉讼,以私法上的相邻权作为景观纠纷解决的权利基础,面临着保护范围有限、保护内容不充分、保护强度有限等诸多困境,[3]无法有效回应地域居民保护景观的积极需求。

(二) 环境权论的回应及其局限

景观保护的诉讼困境亟待理论上给景观利益的保护探寻新的权利基础,环境权就是一种受人青睐的选择。日本最初提倡的环境权是具有私权性质的环境权,特别是作为民事上停止侵权等诉讼请求根据的环境权。[4]而我国的环境权论一开始是侧重环境权的公法保护的。例如,蔡守秋提出,自然环境保护关系我国全体人民的切身利益,在环保法律上突出和充实环境权,

---

[1] 王树良:《我国景观行政诉讼的现状与探讨——以日本景观行政诉讼为参考》,载《暨南学报(哲学社会科学版)》2018年第3期,第28页。

[2] 姜培永:《市民状告青岛规划局行政许可案——兼论我国建立公益诉讼制度的必要性与可行性》,载《山东审判》2002年第1期,第60页。

[3] 成协中:《从相邻权到空间利益公平分配权:规划许可诉讼中"合法权益"的内涵扩张》,载《中国法学》2022年第4期,第162页。

[4] 大塚直「環境法の新展開——環境権(2)」法学教室294号(2005年)111頁。

不仅使各级政府肩负起了维护人民环境权利的职责，而且赋予了广大人民群众监督污染环境的一切行为以及要求改善环境条件的权利。[1]之后，随着环境权讨论的深入，也有学者认识到环境权保护的公私互动。吕忠梅就明确表示，环境权是为克服传统民法中财产权、人格权以及侵权制度和理论在环境保护中的缺陷而产生的一项新型权利，公民环境权具有整体性和个体性统一、长远利益和眼前利益统一的属性，需要综合运用公法与私法的手段予以保护。[2]进一步地，吕忠梅把公民环境权的内容分解为兼具公益与私益性质的环境使用权、知情权、参与权以及请求权。[3]

但是，难以否认的是，公法上的环境权不容易被分解为个人独占的利益，地域居民享受舒适的景观环境也常被界定为反射性的利益。而为了保护环境公共利益的公益诉讼制度也难以全面应对景观利益受到侵害的情形。根据我国《民事诉讼法》和《行政诉讼法》设定的公益诉讼制度，检察机关或者环保公益组织享有保护生态环境和资源的诉权地位。[4]从我国景观保护的公益诉讼实践来看，被保护的对象景观大多是自然遗迹、风景名胜、红色景观资源、历史文化街区等既存的标志性、代表性景观。这些景观的价值集中体现为生态服务的实体性价值，即社会公众对其享有的游憩权益和对独特景观的观赏权益。[5]

---

[1] 蔡守秋：《环境权初探》，载《中国社会科学》1982年第3期，第38页。

[2] 吕忠梅：《论公民环境权》，载《法学研究》1995年第6期，第61~62页、第64页。

[3] 吕忠梅：《再论公民环境权》，载《法学研究》2000年第6期，第135~139页。

[4] 参见我国《民事诉讼法》第58条、《行政诉讼法》第25条第4款。

[5] 参见最高人民检察院指导性案例第114号"江西省上饶市人民检察院诉张某某等三人故意损毁三清山巨蟒峰民事公益诉讼案"。

也就是说，我国的公共景观保护主要针对的是纯粹的公共利益，值得法律保护的景观通常被认为是具有一级价值的景观，存在既有景观享受的重点保护主义倾向。可见，公法上的环境权论既无法解决地域居民保护景观利益的诉讼困境，也无法支撑对地方居民共同形成的地域风貌、街景风貌的普遍保护。

21世纪初，在《民法典》起草的立法动态下，在民法应当积极回应日益突出的环境问题的共识下，将环境权纳入民法的权利体系，实现环境权的私权化的观点开始流行起来，这被视为公法（环境法）与私法（民法）有效协同的一种方式。其中，讨论较多的就是环境物权和环境人格权的民法保护。但是，作为环境物权类型被提出的"环境使用权"和"环境保护相邻权"[1]无法对应景观享受不完全依附于不动产物权的特殊性。而环境人格权论者认为环境人格是以人的环境利益为内容的人格，生活在不具有美学价值的环境中不能体现出人作为主体的尊严，[2]这样的主张虽然能容纳景观利益或者景观权，但并没有明确带来环境美感与精神愉悦感的景观环境应具备什么样的基准，权利主体的范围也不明确。因此，也有学者指出，景观权属于"精神性环境权"的范畴，由于它所涉人数众多、属于纯粹的精神享受权利，仅能通过环境公益诉讼予以救济。[3]不难看出，作为私权的环境权成为地域居民保护景观的权利基础

---

[1] 参见吕忠梅：《沟通与协调之途——论公民环境权的民法保护》，中国人民大学出版社2005年版，第111~113页。

[2] 刘长兴：《环境利益的人格权法保护》，载《法学》2003年第9期，第107页。

[3] 史一舒：《我国环境侵权精神损害赔偿制度的司法限制与扩张——基于18个典型案例的分析》，载《山东大学学报（哲学社会科学版）》2018年第3期，第76页。

也存在理论上和实践上的障碍。

(三) 空间秩序论的路径选择与制度设计

环境权论的局限表明,需要一种新的理论路径有效应对景观纠纷的解决。根据日本景观保护的动向,并结合我国的实际情况,笔者主张从"空间秩序"的视角探寻地域景观保护的法律根据。

1. 公法上的景观空间秩序

在现代化的城市生活中,景观已经逐渐融入地域居民的日常生活中,形成由地域居民共用共享的公共空间。景观的共享性源于空间固有的连续性。景观保护即是对地域空间秩序的保障。在城市化的背景下,城市空间利益的调整逐步由以相邻权为核心的私法机制转变为以规划许可为核心的公法机制,而在分配行政观念下,通过规划许可对空间利益的调整,"不再仅仅是基于公益考量赋予被许可人对特定空间的使用权,而是借由规划许可对被许可人和一定范围内居民的空间利用权益进行公平分配"。[1]公共景观空间的塑造与调整有赖于公法上的规划制度予以第一次规制,通过景观保护的原则性要求以及客观的定量性规定,要求行政机关公平分配一定地域范围内的空间利益,从而形成、维护良好的景观空间秩序。据此,一定地域范围内居民群体的景观利益可以成为公法规范要求行政机关作出规划许可等行政行为时必须予以考量的具体利益,从而破除景观利益是反射性利益的魔咒。公法上以规划为核心的地域空间秩序形成与保障机制,为景观利益的实体化、权利化奠定了规范基础。

---

[1] 成协中:《从相邻权到空间利益公平分配权:规划许可诉讼中"合法权益"的内涵扩张》,载《中国法学》2022年第4期,第162~164页、第166页。

从这个角度出发，可以从以下几方面完善景观利益的公法保护制度：其一，在法律层面确立景观规划的地位，从城市空间整体性的角度划定景观保护区域。其二，充实景观形成基准，景观保护区域内的建筑行为既要符合法律规定的高度、用途、容积率等最低技术标准，也要考虑特定空间与周边建筑物形成的整体景观的协调性。其三，在景观规划编制、实施的各阶段充分保障地域居民的程序参与权，在地域景观的公共形成过程中调整居民之间的利害关系。综合这些制度内容，景观规制地域内的居民可以向规划部门和司法机关主张景观空间的公平分享权。

2. 空间秩序保障的公私互动

当然，地域空间秩序的保障也不是仅凭公法就能实现的，也需要私法的互动。作为对环境权私权化倾向的批判，有学者提出了环境法与民法对接的"义务路径"。具体来说，要在民法典中宣示公民的环保义务，在环境侵权上明确民事主体因违反环境保护义务所应承担的民事责任。[1]按照此种思路，公民个人保护景观环境的义务可以成为其通过民事诉讼主张景观侵权的规范基础。公法上的景观空间规制也设定了地域居民保护景观空间秩序的义务。遵守环保义务，不是仅仅出于守法的必要，更重要的是形成与维护人人都可持续利用的环境秩序，使每个人都能享受到环境利益。在城市景观风貌的保护中，对地域空间秩序的认同感和责任感更容易促使地域居民践行保护当地景观的义务。

不过，地域居民的景观保护义务并不局限于法定的义务。

---

[1] 参见陈海嵩：《论环境法与民法典的对接》，载《法学》2016年第6期，第63~69页。

其实，只要是地域居民为了维护特定景观秩序而形成的明示或者默示规则、惯例而具体要求的义务，那么特定地域内某一居民违反该义务即构成对其他居民景观利益的侵害，地域居民之外的开发商等私主体的景观破坏行为即构成对地域居民共同维护的地域空间秩序的破坏。当某一景观的形成与维护是依赖于地域居民相互的自我规制与自律行为时，即可推认一定的地域性规则的存在，亦可认为"景观就是地域性规则的客观呈现"。[1]尽管公法规范在景观空间秩序的形成上发挥主要作用，但地域景观并非一朝一夕就能塑造，在其发展为有必要予以法律保护的良好景观之前可能依靠地域居民长时间的自发维护。行政机关对地域空间进行规划与更新时，也应当考虑该地域内事实上存在的景观保护惯例，进而将其上升为公法上的规范。

在 2021 年 12 月中央通报的广州市大规模迁移砍伐树木事件中，我们可以从当地居民自发性的榕树保卫行动推测出，在当地居民之间至少就不得砍伐、损坏大榕树的禁止性行为达成了一定程度的合意并且互相遵守。在广州榕树保卫战最终取得胜利之后，2022 年 1 月广州市林业和园林局印发了《广州市城市树木保护管理规定（试行）》，明确了严格控制树木砍伐的原则，规定了树木迁移涉及大树 10 株以上、涉及城市道路、公园绿地及其他绿地树木 50 株以上等情形的，需经专家论证并征求公众意见。对砍树事件的立法回应实际上是通过公法规范为地域居民之间保护树木的私人行动规范提供了支撑。

---

[1] 吉村良一「景観の私法上の保護における地域的ルールの意義」立命館法学 316 号（2007 年）477 頁。

第七章 地域空间中景观利益的法律保护

本章小结

从日本纾解景观保护诉讼困境的脉络来看,地域建设与管理从原来行政独占的公领域发展为多样的民间主体参与的、包含公共性价值的私领域,或者公私交融、互动的领域。为使景观利益挣脱公共属性的束缚,纳入司法保护的合法权益范畴,以国立公寓事件为代表的日本司法裁判和学界观点结合景观保护的地域性,从不同的角度探寻景观利益保护的权利基础。我国目前的景观诉讼实务运用私法上的相邻权概念来消减景观利益的公共性,但无法有效回应地域居民超越相邻权益的景观保护诉求。而环境权论的主张在公法上难以支撑地域居民的景观维权,在私法上也难以实现景观利益的实体化。其实,是否存在规范意义上的环境权或者景观权,并不妨碍景观利益的法律保护。景观是地域空间中维系居民生活秩序的共有物,通过景观空间秩序的公法形成机制,景观利益可以被确认为法律上保护的利益乃至权利,景观利益的主体至少应当是景观规制地域内的居民。在景观侵权的司法判断上,要摆脱"合法即不侵权"的判断模式,综合考察涉案景观与当地居民的日常关联、涉案景观所在土地的利用现状、涉案景观的形成是否存在地域性规则等空间秩序要素,认定居民个体可独自享受的景观利益及其受侵害程度。如果涉案景观的形成与维护有赖于居民积极的自我行动,可以认为这些居民景观利益受侵害的程度较为明显。

终　章

中国的城市化是在"时空挤压"环境中推进的，城市空间是城市问题最直接也是最集中的反映。空间维度的城市治理实践意味着对城市空间的分配与空间利益的调整。在这个过程中，作为资源的土地无疑对城市空间的塑造与扩张发挥了关键的作用，土地财产权的保障与规制一度进入解决城市问题的法律视野中。然而，即使城市空间有赖于土地这一物理基础，土地用途管制亦是城市规划的重要一环，但仅凭借土地的财产性利用显然不足以分析城市作为人们共同生活场所的复杂秩序结构。城市既不是孤立、冰冷的物质载体，也不是地方政府的附属工具，而是集合诸多要素并使它们持续互动、有序运转的公共空间，以整体、系统的思维来阐释城市法治、回应空间利益的多元化特征是非常有必要的。

城市空间具有权利性与权力性相互交织的属性，承载着城市生活安全、富足、便捷、美观等多种利益诉求。其中，一定地域范围内的居民对共同城市空间的利用与享受而产生的集合性利益正逐渐突破公共利益与私人利益的二分论，成为行政机关行使空间权力需要予以考量的法律上的利益。着眼于城市整体空间的城市法是有关城市空间的公共性形成与控制的法规范的总和,以分配和调整城市空间承载的各种利益为主要任务,旨在回归城市生活的本色,创造高品质的宜居城市。基于这样的目的,城市法要构建符合城市空间塑造与分配的客观规律的法体系,形成以空间规划、空间开发与更新、空间规制与给付、空间纷争解决为主体的制度规范,确立依法治理、利益均衡、公私协作以及公众参与等基本原则。城市空间是人的主观意志通过其行为加诸外在物的结果,个体空间只有被社会规范普遍承认时才是合法性的空间。这种融合主观意志、客观物质以及社会承认的空间有机体与包含主体要素和客体要素的法律权利具有"结构性的内在牵连"。法律权利也因此在本质上可以被理解为"作为人类实践活动的社会空间"。[1]总之,"作为行政法分论重要构成的城市法不仅仅是对法律与城市关系的探索,更为重要的是对法律的空间性、法律地域性及其与居民互动机制的关注"。[2]

城市治理错综复杂,生产、消费、居住等不同功能的城市空间的犬牙交错、高度重叠更是造成了空间利益的多元冲突,增加了城市治理的难度。城市治理法治不仅要着眼于各类空间的有效规划与独立治理,保障各类利益群体的基本空间需求,更要基于空间的整体性加强城市功能区的联动治理和利益协调,以城市空间布局优化促进人的发展和社区治理的有机统一。为改善城市人居环境而发展起来的城市法对多元利益交织下城市空间分配的行政手段变迁、城市组织的地位重塑、行政救济范围和方式的扩充等理论归纳,都突破了传统行政法的范式,发

---

[1] 朱垭梁:《法律权利的社会空间阐释——作为社会空间的法律权利》,载《湖北社会科学》2014年第3期,第149~155页。
[2] 高秦伟:《城市治理现代化背景下的城市法研究展望》,载《法治社会》2023年第1期,第15页。

挥了回馈行政法总论的功效。

21世纪的中国进入了城市化快速推进的黄金时期，住房、医疗、交通、卫生等城市公共领域焕然一新，但这同时意味着新的空间治理难题与挑战，由此对城市治理法治产生的结构性影响也是需要跟踪研究的。譬如，新冠肺炎疫情暴发初期暴露出城市应急空间和物资储备不足，公共医疗资源紧缺且配置不够合理等问题，人们开始关注城市规划如何响应疫情防控。进一步而言，为提升城市韧性，城市规划亟待从通过抵御自然灾害的物理性规划转变为加强城市应对突发公共卫生事件能力的适应性规划。[1] 疫情防控期间各地兴建的方舱医院、核酸检测亭等一度成为应对突发公共卫生事件的空间形态，而在新冠的阴霾逐渐散去后，这些设备设施该如何处置也成为考验城市空间治理的一大难题。除了物理空间的变化之外，疫情防控期间采取的封锁措施也限制了人们的空间活动与社会交往。疫情三年，随着科学精准防控措施的优化，疫情封锁的空间范围逐渐缩小。但在这个过程中，"一刀切"的疫情封锁措施也导致了空间权力与权利的对抗与矛盾。在城市空间的分配与利益调整中，公共卫生与应急空间的规划、更新与纠纷解决正逐渐进入法学的视野，或许将来会成为城市法分论新的领域，推动行政应急法治的理论与制度发展。

再如，随着城市化进入信息化、智慧化的高级阶段，数字经济不断赋能国家和城市的要素资源重组和经济结构重塑。数据在城市空间发展中扮演愈发重要的角色，其不仅是城市的重要资产，也是新时代城市空间精细化治理的重要支撑和驱动力。

---

[1] 冷红、赫兰秀：《新冠肺炎疫情防控背景下的韧性城市规划与建设》，载《城市与减灾》2022年第5期，第13页。

终 章

在此背景下，关注城市内部空间发展需求，厘清数据如何重新定义并且参与到城市空间治理过程中，将人本导向与数据支撑有机融合，成为城市空间治理现代化的关键挑战。[1]城市治理中数字化技术的运用颠覆了传统的城市空间逻辑，将人类活动的载体从物理空间转移至数字空间，致使数字空间成为构建社会关系的新载体，推进了城市空间分配的深刻变革。城市的数字化转型虽然为空间资源的平等获取提供了技术支持，但仍然会产生数字资源分配失衡的问题，而且数字化的高技术性门槛也会切断公民参与城市治理的渠道。[2]这对城市法提出了如何在人、空间、技术的互动下保障不同群体的空间利益，避免出现"数字鸿沟"的新课题。城市领域的数字化运用在很大程度上推动了传统行政方式的数字化转型，为行政合法性原则是否能够朝着更高程度和方向发展的研究提供了新的素材。[3]

城市在不断演进与发展，其空间形态始终处于不断的形塑与期待之中，如同一块未完成的画布，等待着人们运用更多的色彩与线条来描绘。在这样的背景下，城市法的研究更显得意义深远且充满无限可能。随着城市的日新月异，城市法的研究领域也在不断拓宽，新的挑战与机遇并存。我们期待通过深入的研究，能够更好地理解城市空间的复杂性与多样性，为城市的可持续发展提供坚实的法治保障。

---

[1] 甄峰、李智轩：《数据驱动的中国城市空间治理框架设想》，载《经济地理》2023年第5期，第27页。

[2] 秦锋砺、郭风英：《数字化时代城市空间逻辑的形态转向与制度安排》，载《学习论坛》2023年第2期，第82~89页。

[3] 高秦伟：《数字政府背景下行政法治的发展及其课题》，载《东方法学》2022年第2期，第174~186页。

参考文献

一、中文著作

1. 朱芒、陈越峰主编：《现代法中的城市规划——都市法初步研究》（上、下卷），法律出版社 2012 年版。
2. 陈越峰：《中国城市规划法治构造》，中国社会科学出版社 2020 年版。
3. 肖军：《日本城市规划法研究》，上海社会科学院出版社 2020 年版。
4. 章剑生：《现代行政法总论》（第 2 版），法律出版社 2019 年版。
5. 章志远：《部门行政法专论》，法律出版社 2017 年版。
6. 周佑勇：《行政法基本原则研究》（第 2 版），法律出版社 2019 年版。
7. 周佑勇：《行政法原论》（第 3 版），北京大学出版社 2018 年版。
8. 李洪雷：《行政法释义学：行政法学理的更新》，中国人民大学出版社 2014 年版。
9. 王锡锌主编：《行政过程中公众参与的制度实践》，中国法制出版社 2008 年版。
10. 王锡锌：《公众参与和行政过程——一个理念和制度分析的框架》，中国民主法制出版社 2007 年版。
11. 湛中乐：《现代行政过程论》，北京大学出版社 2005 年版。
12. 最高人民法院行政审判庭编著：《最高人民法院行政诉讼法司法解释理解与适用》（上），人民法院出版社 2018 年版。

13. 最高人民法院行政审判庭编:《中国行政审判指导案例》(第1卷),中国法制出版社2010年版。
14. 汪劲:《环境法学》(第4版),北京大学出版社2018年版。
15. 吕忠梅主编:《环境法学概要》,法律出版社2016年版。
16. 吕忠梅:《沟通与协调之途——论公民环境权的民法保护》,中国人民大学出版社2005年版。
17. 薄燕娜:《城市空间开发利用法律问题研究》,中国政法大学出版社2019年版。
18. 郭庆珠:《城市地下空间规划法治研究:基于生态城市的面向》,中国法制出版社2016年版。
19. 何明俊编著:《城乡规划法学》,东南大学出版社2016年版。
20. 朱未易:《城市法治建设的法理与实证》,中国社会科学出版社2014年版。
21. 金俭等:《中国住房保障——制度与法律框架》,中国建筑工业出版社2012年版。
22. 王毅编著:《城市管理法学》,吉林大学出版社1992年版。
23. 王毅:《城市建设管理法学》,吉林大学出版社1995年版。
24. 王丛虎主编:《城市管理法》,中国人民大学出版社2011年版。
25. 王敬波主编:《城市管理执法办法理解与适用》,中国法制出版社2017年版。
26. 陈兵等:《城市法制问题研究》,法律出版社2011年版。
27. 陈振宇:《城市规划中的公众参与程序研究》,法律出版社2009年版。
28. 舒扬:《现代城市法治研究》,人民出版社2008年版。
29. 王怡:《当代中国城市立法》,法律出版社2023年版。
30. 冯雷主编:《地方立法与城市法治》(第1辑),四川大学出版社2023年版。
31. 武廷海、张能:《空间共享——新马克思主义与中国城镇化》(第2版),商务印书馆2021年版。
32. 姚尚建:《城市权利:公共治理的历史演进与角色回归》,北京大学出版社 2019 年版。

33. 孟超：《转型与重建：中国城市公共空间与公共生活变迁》，中国经济出版社 2017 年版。
34. 陆铭：《空间的力量：地理、政治与城市发展》（第 2 版），格致出版社、上海人民出版社 2017 年版。
35. 黄晓军：《现代城市物质与社会空间的耦合——以长春市为例》，社会科学文献出版社 2014 年版。
36. ［法］亨利·列斐伏尔：《空间的生产》，刘怀玉等译，商务印书馆 2022 年版。
37. ［法］亨利·列斐伏尔：《空间与政治》（第 2 版），李春译，上海人民出版社 2015 年版。
38. ［美］戴维·哈维：《叛逆的城市——从城市权利到城市革命》，叶齐茂、倪晓晖译，商务印书馆 2014 年版。
39. ［美］查尔斯·瓦尔德海姆编：《景观都市主义》，刘海龙、刘东云、孙璐译，中国建筑工业出版社 2011 年版。
40. ［美］爱德华·格莱泽：《城市的胜利：城市如何让我们变得更加富有、智慧、绿色、健康和幸福》，刘润泉译，上海社会科学院出版社 2012 年版。
41. ［德］奥托·迈耶：《德国行政法》，刘飞译，商务印书馆 2013 年版。

二、中文论文

（一）期刊、文集

1. 朱芒：《城市化中行政法学的内在发展》，载《法学》2023 年第 5 期。
2. 高秦伟：《城市治理现代化背景下的城市法研究展望》，载《法治社会》2023 年第 1 期。
3. 高秦伟：《数字政府背景下行政法治的发展及其课题》，载《东方法学》2022 年第 2 期。
4. 成协中：《从相邻权到空间利益公平分配权：规划许可诉讼中"合法权益"的内涵扩张》，载《中国法学》2022 年第 4 期。

5. 陈越峰：《城市基础设施正当配置的法律构造》，载《当代法学》2022 年第 2 期。
6. 陈越峰：《城市空间利益的正当分配——从规划行政许可侵犯相邻权益案切入》，载《法学研究》2015 年第 1 期。
7. 何明俊：《城市设计的法律基础》，载《北京规划建设》2022 年第 1 期。
8. 何明俊：《关于空间宪政的理论》，载《城市规划》2012 年第 7 期。
9. 何明俊：《改革开放 40 年空间型规划法制的演进与展望》，载《规划师》2018 年第 10 期。
10. 聂帅钧：《论控制性详细规划的可诉性及其司法审查进路——基于相关裁判文书的实证分析》，载《甘肃政法学院学报》2020 年第 4 期。
11. 聂帅钧：《行政许可告知承诺制：法律属性、运作逻辑与规范化进路》，载《中国行政管理》2022 年第 8 期。
12. 程雪阳：《重建财产权：我国土地制度改革的基本经验与方向》，载《学术月刊》2020 年第 4 期。
13. 胡杰：《城市权利的法理意蕴》，载《法学》2020 年第 5 期。
14. 刘辉：《城市权利的法理解析》，载《苏州大学学报（法学版）》2018 年第 3 期。
15. 王建平、李臻：《功能叠加视角下城市减灾能力提升的法治路径》，载《华南师范大学学报（社会科学版）》2020 年第 4 期。
16. 许小亮：《都市权利的基础与本质》，载《苏州大学学报（哲学社会科学版）》2019 年第 2 期。
17. 许小亮：《都市中国语境下都市法体系的构想》，载《法学》2015 年第 6 期。
18. 杨建顺：《城市治理应当坚持共建共治共享》，载《城市管理与科技》2019 年第 6 期。
19. 杨建顺：《公共利益辨析与行政法政策学》，载《浙江学刊》2005 年第 1 期。
20. 於兴中：《复合空间下的法律与城市》，载《法律和社会科学》2019 年第 2 期。

21. 倪鹏飞：《改革开放 40 年中国城镇化发展的经验与启示》，载《智慧中国》2018 年第 12 期。
22. 陈鹏：《城市治理困境的生成与消解——基于城市空间的视角》，载《安徽师范大学学报（人文社会科学版）》2018 年第 4 期。
23. 朱茂磊：《论"城市法学"及其基本范畴》，载《城市学刊》2017 年第 6 期。
24. 宋华琳：《中国行政法学分论研究：体系、课题与立场》，载《安徽大学学报（哲学社会科学版）》2020 年第 3 期。
25. 宋华琳：《部门行政法与行政法总论的改革——以药品行政领域为例证》，载《当代法学》2010 年第 2 期。
26. 宋华琳：《营业自由及其限制——以药店距离限制事件为楔子》，载《华东政法大学学报》2008 年第 2 期。
27. 章志远：《部门行政法学研究之三重进路》，载《江苏行政学院学报》2017 年第 4 期。
28. 章志远：《部门行政法学历史使命的三重维度》，载《浙江学刊》2017 年第 4 期。
29. 章志远：《公用事业特许经营及其政府规制——兼论公私合作背景下行政法学研究之转变》，载《法商研究》2007 年第 2 期。
30. 章志远、胡磊：《公私协力的兴起与行政行为理论的变迁》，载《山东警察学院学报》2010 年第 6 期。
31. 章志远、赖楚琳：《法治一体建设视域中的行政许可告知承诺制》，载《法治现代化研究》2023 年第 2 期。
32. 闫海：《利益协调理念下的食品摊贩法律治理——基于地方立法的文本分析》，载《地方立法研究》2017 年第 3 期。
33. 李利文：《中国城市空间的治理逻辑——基于权力结构碎片化的理论视角》，载《华中科技大学学报（社会科学版）》2016 年第 3 期。
34. 魏后凯：《论城市全面转型与空间秩序规范》，载《人民论坛》2010 年第 32 期。
35. 陈忠：《城市意义与当代中国城市秩序的伦理建构》，载《学习与探索》

2011 年第 2 期。

36. 曹现强、张福磊:《空间正义:形成、内涵及意义》,载《城市发展研究》2011 年第 4 期。

37. 孙全胜:《空间正义的价值诉求及实现路径》,载《学术交流》2020 年第 12 期。

38. 李林:《通过法治实现公平正义》,载《北京联合大学学报(人文社会科学版)》2014 年第 3 期。

39. 陈晓勤:《空间正义视角下的城市治理》,载《中共福建省委党校学报》2017 年第 10 期。

40. 刘宛:《共享空间——"城市人"与城市公共空间的营造》,载《城市设计》2019 年第 1 期。

41. 李妍:《从分配到承认:空间正义的另一种致思路径》,载《湘潭大学学报(哲学社会科学版)》2020 年第 5 期。

42. 李乾:《城市法治:一次空间法理学的探索》,载《云南社会科学》2016 年第 2 期。

43. 廖奕:《转型中国的城市化治理与发展法体系》,载《北方法学》2016 年第 4 期。

44. 朱未易:《论城市治理法治的价值塑型与完善路径》,载《政治与法律》2015 年第 2 期。

45. 庄立峰、江德兴:《城市治理的空间正义维度探究》,载《东南大学学报(哲学社会科学版)》2015 年第 4 期。

46. 肖军:《论城市规划法上的空中空间利用制度》,载《法学家》2015 年第 5 期。

47. 张力:《论城市作为一个行政法概念——一种组织法的新视角》,载《行政法学研究》2014 年第 4 期。

48. 莫于川、雷振:《从城市管理走向城市治理——〈南京市城市治理条例〉的理念与制度创新》,载《行政法学研究》2013 年第 3 期。

49. 邢鸿飞:《论城市地下空间权的若干问题》,载《南京社会科学》2011 年第 8 期。

50. 肖金明:《城市治理的法治维度》,载《中国行政管理》2008年第10期。

51. 王利明:《空间权:一种新型的财产权利》,载《法律科学(西北政法学院学报)》2007年第2期。

52. 周忠学:《城市交通权之国家义务》,载《云南师范大学学报(哲学社会科学版)》2015年第4期。

53. 吕成龙、张亮:《城市路权分配的困境及法治对策》,载《中州学刊》2017年第4期。

54. 肖泽晟:《论规划许可变更前和谐相邻关系的行政法保护:以采光权的保护为例》,载《中国法学》2021年第5期。

55. 肖泽晟:《多阶段行政许可中的违法性继承——以一起不予工商登记案为例》,载《国家行政学院学报》2010年第3期。

56. 喻中:《论当代中国城市法的体系——一个比较法上的考察》,载《社会科学研究》2002年第3期。

57. 何兴华:《空间秩序中的利益格局和权力结构》,载《城市规划》2003年第10期。

58. 赫曦滢:《城市空间的政治逻辑:进路与走向》,载《深圳大学学报(人文社会科学版)》2018年第5期。

59. 王海荣、韩建力:《中华人民共和国成立70年以来城市空间治理的历史演进与政治逻辑》,载《华中科技大学学报(社会科学版)》2019年第5期。

60. 常鹏翱:《违法建筑的公法管制与私法因应》,载《法学评论》2020年第4期。

61. 袁超、李建华:《论空间权力化》,载《湖南师范大学社会科学学报》2014年第5期。

62. 方长春:《中国城市居住空间的变迁及其内在逻辑》,载《学术月刊》2014年第1期。

63. 何艳玲、赵俊源:《差序空间:政府塑造的中国城市空间及其属性》,载《学海》2019年第5期。

64. 史浩明:《我国地下空间开发法制体系的反思与完善》,载《苏州大学学报(哲学社会科学版)》2017年第5期。

65. 张翔:《财产权的社会义务》,载《中国社会科学》2012年第9期。

66. 何玉宏:《空间正义视域下的城市交通路权分配》,载《社会科学家》2019年第12期。

67. 王毅:《城市管理综合执法依据及其法律冲突》,载《吉林师范学院学报》1999年第4期。

68. 石东坡、魏悠然:《论城市社区治理中居民委员会角色的立法重塑——以〈居民委员会组织法〉的修改为指向》,载《浙江工业大学学报(社会科学版)》2015年第4期。

69. 周海源:《论居民自治法律体系的完善——从"权利优于公共组织"之逻辑关系切入》,载《南都学坛(人文社会科学学报)》2015年第1期。

70. 胡承武:《依法治国亟需加强社区自治立法——以〈中华人民共和国城市居民委员会组织法〉为视角》,载《领导科学论坛》2014年第24期。

71. 钟晓华:《社会空间和社会变迁——转型期城市研究的"社会—空间"转向》,载《国外社会科学》2013年第2期。

72. 谭纵波:《日本的城市规划法规体系》,载《国外城市规划》2000年第1期。

73. 王向东、刘卫东:《中国空间规划体系:现状、问题与重构》,载《经济地理》2012年第5期。

74. 赵燕菁:《城规、土规与主体功能区——国家视角的国土空间规划》,载《北京规划建设》2020年第3期。

75. 张圆:《论技术标准的法律效力——以〈立法法〉的法规范体系为参照》,载《中国科技论坛》2018年第12期。

76. 朱海波:《当前我国城市更新立法问题研究》,载《暨南学报(哲学社会科学版)》2015年第10期。

77. 宋彪:《主体功能区规划的法律问题研究》,载《中州学刊》2016年第

12 期。

78. 王操：《"多规合一"视阈下我国空间规划的立法构想》，载《甘肃政法学院学报》2019 年第 6 期。

79. 汪劲柏：《论基于行政法制的国土及城乡空间区划管理体系》，载《城市规划学刊》2008 年第 5 期。

80. 葛先园、杨海坤：《我国行政规划中的公众参与制度研究——以〈城乡规划法〉相关规定为中心》，载《法治研究》2013 年第 12 期。

81. 陈国栋：《公法权利视角下的城市空间利益争端及其解决》，载《行政法学研究》2018 年第 2 期。

82. 涂云新、秦前红：《城乡规划中的规划变更与权利救济通道——以控制性详细规划为重点的考察》，载《行政法学研究》2014 年第 2 期。

83. 兰燕卓：《城市规划变更的可诉性研究》，载《湖南社会科学》2013 年第 3 期。

84. 李昕：《论行政规划的定性分析与规制、救济》，载《法学杂志》2013 年第 11 期。

85. 肖建国：《现代型民事诉讼的结构和功能》，载《政法论坛》2008 年第 1 期。

86. 陈贤贵：《现代型诉讼与当事人适格理论的新发展》，载《河北法学》2012 年第 9 期。

87. 章楚加：《德国环境团体诉讼权能演变之解析》，载《南京大学学报（哲学·人文科学·社会科学）》2018 年第 4 期。

88. 沈开举、邢昕：《宪法中"城市"的规范含义》，载《甘肃政法学院学报》2018 年第 5 期。

89. 戚伟、王开泳：《中国城市行政地域与实体地域的空间差异及优化整合》，载《地理研究》2019 年第 2 期。

90. 夏志强、谭毅：《城市治理体系和治理能力建设的基本逻辑》，载《上海行政学院学报》2017 年第 5 期。

91. 谢桂山、白利寅：《设区的市地方立法权的制度逻辑、现实困境与法治完善路径》，载《法学论坛》2017 年第 3 期。

92. 金黎钢、张丹丹：《论实施性地方法规创制空间及其保障》，载《江淮论坛》2015 年第 2 期。

93. 程庆栋：《论设区的市的立法权：权限范围与权力行使》，载《政治与法律》2015 年第 8 期。

94. 郑伟华：《城市治理现代化视域下地方性法规体系的问题及对策》，载《华中师范大学学报（人文社会科学版）》2022 年第 2 期。

95. 李适时：《全面贯彻实施修改后的立法法——在第二十一次全国地方立法研讨会上的总结》，载《中国人大》2015 年第 21 期。

96. 徐键：《行政任务的多元化与行政法的结构性变革》，载《现代法学》2009 年第 3 期。

97. 徐键：《论土地利用中的规制性征收》，载《行政法学研究》2009 年第 2 期。

98. 刘福元：《城管柔性执法：非强制框架下的效益考虑与路径选择》，载《中国法学》2018 年第 3 期。

99. 伍劲松：《论行政执法利益衡量之要素与技术》，载《法学论坛》2010 年第 3 期。

100. 戴建华：《行政法上的利益冲突与平衡——通过行政法价值的利益衡量》，载《法学杂志》2011 年第 7 期。

101. 王贵松：《作为利害调整法的行政法》，载《中国法学》2019 年第 2 期。

102. 梁上上：《公共利益与利益衡量》，载《政法论坛》2016 年第 6 期。

103. 梁上上：《利益的层次结构与利益衡量的展开——兼评加藤一郎的利益衡量论》，载《法学研究》2002 年第 1 期。

104. 黄学贤、陈峰：《试论实现给付行政任务的公私协力行为》，载《南京大学法学评论》2008 年春秋合卷。

105. 方颉琳：《行政私法中的公私分立——公租房申请审核与租赁领域的规范分析》，载《湖南大学学报（人文社会科学版）》2014 年第 1 期。

106. 李霞：《论特许经营合同的法律性质——以公私合作为背景》，载《行政法学研究》2015 年第 1 期。

107. 白慧林:《城市公共空间商业化利用中公权与私权的冲突及解决》,载《商业经济研究》2015年第11期。

108. 方世荣、谭冰霖:《"参与式行政"与行政行为理论的发展》,载《南京工业大学学报(社会科学版)》2013年第1期。

109. 邓佑文:《行政参与的权利化:内涵、困境及其突破》,载《政治与法律》2014年第11期。

110. 邓佑文:《论行政参与权与行政法律关系的变革》,载《东岳论丛》2012年第4期。

111. 江必新、李春燕:《公众参与趋势对行政法和行政法学的挑战》,载《中国法学》2005年第6期。

112. 徐以祥:《公众参与权利的二元性区分——以环境行政公众参与法律规范为分析对象》,载《中南大学学报(社会科学版)》2018年第2期。

113. 王学辉、王亚栋:《行政法治中实质性公众参与的界定与构建》,载《法治研究》2019年第2期。

114. 王锡锌:《利益组织化、公众参与和个体权利保障》,载《东方法学》2008年第4期。

115. 赵聚军、庞尚尚:《面向共同富裕的超(特)大城市居住空间治理》,载《北京行政学院学报》2023年第1期。

116. 何源:《德国建设规划的理念、体系与编制》,载《中国行政管理》2017年第6期。

117. 殷成志、杨东峰:《德国城市规划法定图则的历史溯源与发展形成》,载《城市问题》2007年第4期。

118. 李泠烨:《土地使用的公共限制——以德国城市规划法为考察对象》,载《清华法学》2011年第1期。

119. 李泠烨:《土地使用的行政规制及其宪法解释——以德国建设许可制为例》,载《华东政法大学学报》2015年第3期。

120. 卢超:《通过市场主体实现住房保障之国家义务——美国包容性规划法律政策的启示》,载《比较法研究》2014年第5期。

121. 凌维慈：《城市土地国家所有制背景下的正义城市实现路径》，载《浙江学刊》2019 年第 1 期。

122. 凌维慈：《住房政策的任务分化及法律控制》，载《法商研究》2019 年第 2 期。

123. 余南平、凌维慈：《试论住宅权保障——从我国当前的住宅问题出发》，载《社会科学战线》2008 年第 3 期。

124. 黄鹭新等：《中国城市规划三十年（1978—2008）纵览》，载《国际城市规划》2009 年第 1 期。

125. 张杨、何依：《计划经济时期的规划理性：思想、方法与空间》，载《规划师》2022 年第 2 期。

126. 吴开泽、范晓光：《居住空间、资产载体与权利凭证：住房三重性探讨》，载《学海》2021 年第 5 期。

127. 吴延溢：《居住自由权的构造逻辑及其法理阈限》，载《南通大学学报（社会科学版）》2020 年第 1 期。

128. 张震：《住宅自由权到住宅社会权之流变》，载《求是学刊》2015 年第 3 期。

129. 徐菊芬、张京祥：《中国城市居住分异的制度成因及其调控——基于住房供给的视角》，载《城市问题》2007 年第 4 期。

130. 徐红新、张爱丽：《我国住房保障的法理基础与制度完善》，载《法律适用》2021 年第 11 期。

131. 李威利：《空间单位化：城市基层治理中的政党动员与空间治理》，载《马克思主义与现实》2018 年第 6 期。

132. 马梦岑、李威利：《房权社会与圈层结构：中国城市空间权利的兴起及其治理》，载《甘肃行政学院学报》2020 年第 6 期。

133. 赵宏：《规划许可诉讼中邻人保护的权利基础与审查构造》，载《法学研究》2022 年第 3 期。

134. 周少青：《论城市社区治理法律框架的法域定位》，载《法学家》2008 年第 5 期。

135. 王星：《利益分化与居民参与——转型期中国城市基层社会管理的困

境及其理论转向》，载《社会学研究》2012 年第 2 期。
136. 熊静波：《论住房的双重性质 基于家法则与契约自由原理的观察》，载《中外法学》2023 年第 2 期。
137. 申立：《从市场配置到政府引导：城市商业服务业设施规划管理的思考》，载《城市规划学刊》2019 年第 3 期。
138. 赵林：《药店布局——"距离产生美"》，载《中国食品药品监管》2010 年第 12 期。
139. 王骏：《食品经营许可要执行〈大气污染防治法〉吗》，载《中国食品药品监管》2017 年第 3 期。
140. 许安标：《〈药品管理法〉修改的精神要义、创新与发展》，载《行政法学研究》2020 年第 1 期。
141. 吴伟达：《大型零售商滥用交易中优势地位行为的法律规制》，载《法学》2004 年第 12 期。
142. 王为农、许小凡：《大型零售企业滥用优势地位的反垄断规制问题研究——基于双边市场理论的视角》，载《浙江大学学报（人文社会科学版）》2011 年第 5 期。
143. 陈婉玲、杨柳：《美国土地管理中的分区制：源流、争论与价值》，载《中南大学学报（社会科学版）》2021 年第 5 期。
144. 韩文静等：《国土空间规划体系下美国区划管制实践对我国控制性详细规划改革的启示》，载《国际城市规划》2020 年第 4 期。
145. 王子晨：《论行政语境下的信赖保护原则》，载《江西社会科学》2021 年第 11 期。
146. 章剑生：《行政诉讼原告资格中"利害关系"的判断结构》，载《中国法学》2019 年第 4 期。
147. 董永忠：《关于企业住所（经营场所）登记制度改革的思考》，载《中国市场监管研究》2018 年第 5 期。
148. 任沫蓉：《论告知承诺制改革背景下环评审批的司法介入》，载《甘肃政法大学学报》2023 年第 3 期。
149. 郭富青：《我国企业住所与经营场所分离与分制改革的法律探析》，载

《现代法学》2020 年第 2 期。

150. 周雷：《营业自由作为基本权利：规范变迁、宪法依据与保护范围》，载《中国法律评论》2020 年第 5 期。

151. 潘昀：《作为宪法权利的营业自由》，载《浙江社会科学》2016 年第 7 期。

152. 张大为：《论营业自由的性质及其法律规制》，载《北京航空航天大学学报（社会科学版）》2013 年第 6 期。

153. 吴卫星：《环境权的中国生成及其在民法典中的展开》，载《中国地质大学学报（社会科学版）》2018 年第 6 期。

154. 蔡守秋：《环境权初探》，载《中国社会科学》1982 年第 3 期。

155. 徐祥民、辛帅：《环境权在环境相关事务处理中的消解——以景观权为例》，载《郑州大学学报（哲学社会科学版）》2015 年第 1 期。

156. 王树良：《我国景观行政诉讼的现状与探讨——以日本景观行政诉讼为参考》，载《暨南学报（哲学社会科学版）》2018 年第 3 期。

157. 裴敬伟：《略论景观纠纷的私法解决及其路径选择》，载《法学评论》2014 年第 1 期。

158. 张挺、解永照：《论景观利益之私法保护》，载《南都学坛（人文社会科学学报）》2012 年第 4 期。

159. 刘惠明：《景观利益私人化的可贵尝试——日本最高法院第一小法庭 2006 年 3 月 30 日判决评析》，载《河海大学学报（哲学社会科学版）》2012 年第 1 期。

160. 刘勇：《论景观利益的侵权法保护》，载《南京大学法律评论》2016 年春季卷。

161. 姜培永：《市民状告青岛规划局行政许可案——兼论我国建立公益诉讼制度的必要性与可行性》，载《山东审判》2002 年第 1 期。

162. 吕忠梅：《论公民环境权》，载《法学研究》1995 年第 6 期。

163. 吕忠梅：《再论公民环境权》，载《法学研究》2000 年第 6 期。

164. 刘长兴：《环境利益的人格权法保护》，载《法学》2003 年第 9 期。

165. 史一舒：《我国环境侵权精神损害赔偿制度的司法限制与扩张——基

于 18 个典型案例的分析》，载《山东大学学报（哲学社会科学版）》2018 年第 3 期。

166. 张超：《新兴权利的利益衡量判定——以侵犯人格利益个案为背景的分析》，载《法制与社会发展》2022 年第 3 期。

167. 陈海嵩：《论环境法与民法典的对接》，载《法学》2016 年第 6 期。

168. 朱垭梁：《法律权利的社会空间阐释——作为社会空间的法律权利》，载《湖北社会科学》2014 年第 3 期。

169. 冷红、赫兰秀：《新冠肺炎疫情防控背景下的韧性城市规划与建设》，载《城市与减灾》2022 年第 5 期。

170. 甄峰、李智轩：《数据驱动的中国城市空间治理框架设想》，载《经济地理》2023 年第 5 期。

171. 秦锋砺、郭凤英：《数字化时代城市空间逻辑的形态转向与制度安排》，载《学习论坛》2023 年第 2 期。

172. 蒋立山：《中国的城市化与法律问题——从制度到秩序》，载北京市社会科学界联合会、北京师范大学编：《科学发展：文化软实力与民族复兴——纪念中华人民共和国成立 60 周年论文集》（上卷），北京师范大学出版社 2009 年版。

173. 崔俊杰：《基于空间的首都城市治理法治化》，载中国政法大学法治政府研究院主编：《中国法治政府发展报告（2020）》，社会科学文献出版社 2021 年版。

174. ［美］爱德华·索亚：《以空间书写城市》，强乃社译，载《苏州大学学报（哲学社会科学版）》2012 年第 1 期。

175. ［德］比约恩·埃格纳：《德国住房政策：延续与转变》，左婷译，郑春荣校，载《德国研究》2011 年第 3 期。

176. ［日］大久保规子：《环境公益诉讼与行政诉讼的原告适格——欧盟各国的发展情况》，汝思思译，载《交大法学》2015 年第 4 期。

177. ［日］吉村良一：《从民法角度看公法与私法的交错与互动》，张挺译，载《人大法律评论》2012 年第 2 期。

（二）学位论文

1. 李泠烨：《城市规划法的产生及其机制研究——以德国和美国为中心的标志性考察》，上海交通大学 2011 年博士学位论文。
2. 潘昀：《论宪法上的营业自由》，浙江大学 2014 年博士学位论文。
3. 陈北冬：《公众参与空间规划权利问题研究》，郑州大学 2022 年博士学位论文。
4. 王小波：《城市住宅小区更新法律制度研究》，西南政法大学 2019 年博士学位论文。
5. 付磊：《全球化和市场化进程中大都市的空间结构及其演化——改革开放以来上海城市空间结构演变的研究》，同济大学 2008 年博士学位论文。

（三）报纸

1. 杨雪冬：《城市空间治理是国家治理的主要阵地》，载《北京日报》2018 年 11 月 26 日，第 14 版。
2. 郑銮娟：《空间正义：城市空间治理的价值导向》，载《中国社会科学报》2020 年 11 月 25 日，第 B03 版。
3. 梁玥：《完善城市社会治理与部门行政法体系》，载《中国社会科学报》2016 年 11 月 22 日，第 5 版。
4. 高新军：《美国"分区制"土地管理的由来及变化》，载《中国经济时报》2011 年 1 月 12 日，第 A01 版。
5. 谢佳桐：《违反土地规划用途的租赁合同效力判断》，载《人民法院报》2022 年 3 月 17 日，第 8 版。

三、外文著作

1. Don Mitchell, *The Right to the City: Social Justice and the Fight for Public Space*, The Guilford Press, 2003.
2. Susan S. Fainstein, *The Just City*, Cornell University Press, 2010.
3. Harvey David, *Social Justice and the City*, Revised edition, University of Georgia Press, 2009.

4. 安本典夫『都市法概説（第 2 版）』（法律文化社、2013 年）。
5. 碓井光明『都市行政法精義Ⅰ』（信山社、2013 年）。
6. 碓井光明『都市行政法精義Ⅱ』（信山社、2014 年）。
7. 生田長人『都市法入門講義』（信山社、2010 年）。
8. 磯部力ほか編『行政法の新構想Ⅰ行政法の基礎理論』（有斐閣、2011 年）。
9. 岩橋浩文『都市環境行政法論――地区集合利益と法システム』（法律文化社、2010 年）。
10. 芝池義一ほか編著『まちづくり環境行政の法的課題』（日本評論社、2007 年）。
11. 仲野武志『公権力の行使概念の研究』（有斐閣、2007 年）。
12. 見上崇洋『地域空間をめぐる住民の利益と法』（有斐閣、2006 年）。
13. 阿部泰隆『行政訴訟要件論――包括的実効的行政救済のための解釈論』（弘文堂、2003 年）。
14. 原田純孝ほか編『現代の都市法』（東京大学出版会、1993 年）。
15. 原田純孝編『日本の都市法Ⅰ構造と展開』（東京大学出版会、2001 年）。
16. 原田純孝編『日本の都市法Ⅱ諸相と動態』（東京大学出版会、2001 年）。
17. 山本隆司『行政上の主観法と法関係』（有斐閣、2000 年）。
18. 吉田克己『現代市民社会と民法学』（日本評論社、1999 年）。
19. 中山充『環境共同利用権――環境権の一形態』（成文堂、2006 年）。

四、外文论文

1. 見上崇洋「都市法論における共通利益と行政計画」立命館法学 56 号（2008 年）。
2. 見上崇洋「『現代都市法論』の特徴と行政法学への影響」社会科学研究（東京大学）61 巻 34 号（2010 年）。
3. 角松生史「『景観利益』概念の位相」新世代法政策学研究 20 号

(2013 年)。
4. 角松生史「まちづくり環境訴訟における空間の位置づけ」法律時報 79 巻 9 号（2007 年）。
5. 角松生史「『互換的利害関係』概念の継受と変容」水野武夫先生古稀記念論文集刊行委員会編『行政と国民の権利：水野武夫先生古稀記念論文集』（法律文化社、2011 年）。
6. 亘理格「行政訴訟の理念と目的」ジュリスト 1234 号（2002 年）。
7. 亘理格「公私機能分担の変容と行政法理論」公法研究 65 号（2003 年）。
8. 亘理格「共同利益論と『権利』認定の方法」民商法雑誌 148 巻 6 号（2013 年）。
9. 亘理格「景観保護の法と課題——アメニティ保障の視点から」森島昭夫ほか編『環境問題の行方』（有斐閣、1999 年）。
10. 山本隆司「私法と公法〈協働〉の様相」法社会学 66 号（2007 年）。
11. 中川丈久「問題提起——行政法と民事法に集団的利益集合的利益はどのように存在するのか」民商法雑誌 148 巻 6 号（2013 年）。
12. 仲野武志「不可分利益の保護に関する行政法民事法の比較分析」民商法雑誌 148 巻 6 号（2013 年）。
13. 内海麻利「土地利用規制の基本構造と検討課題——公共性全体性時間性の視点から」論究ジュリスト 15 号（2015 年）。
14. 田中謙「風俗営業許可と第三者の原告適格」高木光、宇賀克也編『行政法の争点』（有斐閣、2014 年）。
15. 大久保規子「環境公益訴訟と行政訴訟の原告適格——EU 各国における展開」阪大法学 58 巻 34 号（2018 年）。
16. 阿部泰隆「景観権は私法的（司法的）に形成されるか（上）」自治研究 81 巻 2 号（2005 年）。
17. 淡路剛久「景観権の生成と国立大学通り訴訟判決」ジュリスト 1240 号（2003 年）。
18. 富井利安「景観利益の法的保護要件と効果——洛西ニュータウン高

層マンション建築事件京都地裁判決に接して」広島大学総合科学部紀要Ⅱ社会文化研究30巻（2004年）。
19. 富井利安「意見書：景観利益の侵害の私法的救済について」広島法学29巻2号（2005年）。
20. 大塚直「環境法の新展開――環境権（2）」法学教室294号（2005年）。
21. 大塚直「国立景観訴訟最高裁判決の意義と課題」ジュリスト1323号（2006年）。
22. 吉田克己「景観利益の法的保護――《民法と公共性をめぐって》」慶応法学3号（2005年）。
23. 吉田克己「『景観利益』の法的保護」判例タイムズ1120号（2003年）。
24. 吉村良一「景観保護と不法行為法――国立景観訴訟最高裁判決の検討を中心に」立命館法学310号（2006年）。
25. 吉村良一「景観の私法上の保護における地域的ルールの意義」立命館法学316号（2007年）。
26. 吉村良一「私法上の景観保護と地域的ルール」日本不動産学会雑誌22巻3号（2008年）。
27. 牛尾洋也「都市的景観利益の法的保護と『地域性』――国立市マンション訴訟が提起するもの」龍谷法学36巻2号（2003年）。
28. 牛尾洋也「景観利益の保護のための法律構成について」龍谷法学38巻2号（2005年）。
29. 磯部力「都市の土地利用と『都市法』の役割」石田頼房編『大都市の土地問題と政策』（東京都立大学出版会、1990年）。
30. 磯部力「都市の環境管理計画と行政法の現代的条件」兼子仁・宮崎良夫編『行政法学の現状分析：高柳信一先生古稀記念論集』（勁草書房、1991年）。

后　记

本书从 2018 年就开始构思，至 2023 年最终成稿已历时五年。尽管我始终坚信，无论经历多少曲折，总有完成它的一天，但回首这五年，不禁感慨时光荏苒，未曾想到会拖延至此。作为从教以来的第一本专著，我对其倾注的心力也是颇多的，一直反复修改，想尽善尽美。可我本人又是很难一心兼顾多事的，一旦生活中有其他琐事纷至沓来，便难以专心致志于书稿的撰写。因此，本书的撰写成稿总是计划赶不上变化，一直拖延至今。这也让我反思自己对时间的规划与管控能力，特别是如何利用碎片化的时间实现既定的计划。在此也非常感谢中国政法大学出版社冯琰主任对我拖延交稿的包容与理解。

我从硕士期间就对城市行政法治产生了研究兴趣，硕士和博士学位论文的选题也是城市法方向的，但当时的研究尚显稚嫩，仅是从比较法的视角进行了些许碎片化的研究。工作之后我仍然坚持着城市法的研究方向，其间受到国内前辈同仁城市法研究进展的鼓舞和启发，开始摸索着对城市法的系统性研究。本书以"总论+分论"的结构试图展现城市法的面貌，虽然深知内容可能仍有诸多不足之处，但还是期待本书的出版能为我国的城市法研究增添些许亮色，推动这一领域的研究更加深入、全面。

  本书成稿的五年，恰也是女儿出生成长的五年。她的到来为我的生活带来了无尽的欢乐与挑战。多少次，当我在书房中沉浸于书稿的撰写时，她便会哭哭啼啼地敲门找妈妈。虽然这打断了我的思路，但我深知这是作为母亲的责任与幸福。而如今女儿在大多数时候都能独立地玩耍，在我需要安静工作时也不去打扰我。非常感谢我的家人无私地支持我，特别是我的先生王树良总是能与我共同承担家庭责任，让我能够较好地兼顾家庭与工作。养育孩子虽然占据了我们超多的时间和精力，但也很欣慰能够陪伴女儿经历每一阶段的成长，同时享受她带给我们的快乐时光。

  最后，亦向一直关心帮助我的老师和朋友致以诚挚的谢意！是你们的支持与鼓励，让我能够坚定地走在学问研究之路上，不断前行。

李成玲
2023 年 8 月

声　明　1. 版权所有，侵权必究。

　　　　2. 如有缺页、倒装问题，由出版社负责退换。

图书在版编目（CIP）数据

行政法视角下的城市空间利益保障机制 / 李成玲著.
北京 : 中国政法大学出版社, 2024. 7. -- ISBN 978-7
-5764-1602-2

Ⅰ. D922.297.4

中国国家版本馆 CIP 数据核字第 202422FS65 号

出 版 者	中国政法大学出版社
地　　址	北京市海淀区西土城路 25 号
邮寄地址	北京 100088 信箱 8034 分箱　邮编 100088
网　　址	http://www.cuplpress.com（网络实名：中国政法大学出版社）
电　　话	010-58908289(编辑部) 58908334(邮购部)
承　　印	保定市中画美凯印刷有限公司
开　　本	880mm×1230mm　1/32
印　　张	7.5
字　　数	180 千字
版　　次	2024 年 7 月第 1 版
印　　次	2024 年 7 月第 1 次印刷
定　　价	45.00 元